通常の学級でやさしい学び支援

誤り分析を
支援につなげる

読み書きの「つまずき」アセスメントブック

竹田契一 監修　村井敏宏 著

通常の学級で読み書きに苦手さのある子を把握できる！ 支援できる！

音韻認識テスト　ひらがな単語聴写テスト　漢字誤り分析（1～3年／4～6年）

明治図書

監修の言葉

読み書きで、つまずきがみられる子どもたちは、「集中しない、やる気がない、自分勝手、真剣さが足りない、わがまま」等、子ども側の勉強への態度・姿勢を問題視する傾向が保護者・教師にありました。最近の研究では、「読めない、書けない、計算できない」子どもたちの中には、環境要因だけが原因ではなく、聴覚（聞く力）・視覚（見る力）・記憶（ワーキングメモリ）等の認知機能に偏りが出やすい中枢神経系の働きの存在が指摘されるようになってきました。

今回の「誤り分析」の特徴は、一般に使われている心理検査等の結果からのみ判断するのではなく、教室の中で全体に向けて行えるちょっとしたテストから、誤りの傾向を読み取る点にあります。分析の前に必要なバックグラウンド情報としては、子どもの学校・家庭での日常の状態像の把握、特に、授業中の行動特徴、友人とのコミュニケーション、直接面接、チェックリスト等があります。

子どもが一生懸命に書いたものから「誤りを抽出し、誤り方に傾向がないか」をじっくり調べます。「どこでつまずいているか」が分かると「どう指導するか」が生まれます。

「誤り分析」は、支援が必要な子どもたちのつまずきの背景にある認知特性（聞く力・見る力・ワーキングメモリ等）に視点を向け、場当たり的な指導ではなく、特性に対応した科学的な指導につなげるところにあります。強い特性にも視点を向け、弱い特性を強い特性でカバーしていくことが子どもの意欲につながります。

特性に配慮された支援は、やらされた感ではなく、自分の力でできたという充実感につながります。ここで初めて子どもたちが「分かった」と実感できます。苦手だったことが簡単にできる経験を続けることが、自己有能感（セルフ・エスティーム）を生み、胸を張って頑張れる子をつくります。

大阪教育大学名誉教授　竹田　契一

はじめに

小学校の教員時代、私は３つの学校で32年間「ことばの教室」を担当してきました。

小学校にある「ことばの教室」ですので、通常は小学生を対象とした教室ですが、担当した教室は就学前の幼児も対象とした教室で、２・３歳から就学前のお子さんも含めた、ことばの相談・支援を行っていました。このことが、就学前から学齢期へと連続したことばやコミュニケーション、学習支援を考えていくきっかけを与えてくれたと思っています。

「ことばの教室」を担当して何年かたった頃、５歳児の子どもで「にわとり」のことを「オリコリ」と言っている子どもに出会いました。その頃、私はどうしてそんな言い誤りをするのか分からずにいましたが、その子は就学後、読み書きの苦手さを持つようになりました。

就学前に発音不明瞭を主訴としてくる子どもに、発音をチェックする検査を実施すると、「でんわ」を「でんま」や、「れいぞうこ」を「でーごーそ」と言い誤る子どもが多いことにも気がつきました。また、知っていることばなのに、「えっと」と思い出すのに少し時間がかかることもあります。ある子どもは、数字の５のカードを見せると指を５本出すことができるのに、「５」を「ご」と読むことができませんでした。

これらのことが、音韻認識の弱さや語想起の弱さに関連しており、就学後の読み書きのつまずきにつながることが分かってきました。

「音韻認識テスト」は、このような子どものつまずきの実態から生まれてきたアセスメント法です。

読み書きの苦手な子どもを指導していると、「きゃ・きゅ・きょ」のような拗音を書き間違える、小さい「つ」（促音）の文字を抜かして書く、などの誤りが多いことに気がつきました。

ひらがなは、文字と音が基本的には一対一対応で、覚えやすい文字とされています。しかし、拗音・促音・長音などの特殊音節は一対一の対応関係が崩れるため、読み書きのつまずきが出やすくなります。特殊音節が複合した拗長音や拗促音になると、さらに文字と音の対応が複雑になり読み書きが難しくなります。

ちょうど２０００年頃、私の勤めていた学校では「ＬＤ等の実態把握の研究」を行っていました。当時、読み書きの検査は標準化されたものがなく、通級指導の先輩たちが作られた、手作りの検査がいくつかあるだけでした。そこで、特殊音節（拗音・長音・拗長音・促音・拗促音）の誤りを指標とした「ひらがな単語聴写テスト」を考案して、学校の子どもの実態把握に活用していきました。小学生の実態把握に使えるよう、「１年生からできる」「担任の先生が実施できる」をベースに作ったことが思い出されます。

また、「ひらがな単語聴写テスト」は、兵庫県小野市や静岡市など、自治体単位で実施されているところもあり、読み書きが苦手な子どもへの支援が拡がっています。

読み書きが苦手な子どもにとって、漢字を覚えていくことには高いハードルがあります。漢字は覚える文字の数も多く、形も複雑です。さらに読みも複雑で、文や熟語の中での使われ方で読み方が変わってきます。

漢字のつまずきの評価も難しく、検査もほとんどありませんでした。「ことばの教室」の同僚の先生と試行錯誤しながら評価の方法を考えていく中で、漢字には［読み・形・意味］の3つの要素があることに気づきました。漢字の誤りが［読み・形・意味］のどの部分の弱さと関連しているかを分析的にみていくことで、漢字のつまずきを評価できると考えました。

そこから生まれたのが「漢字誤り分析」です。1・2年生の漢字を使った「かん字のまとめテスト」と分析表を使い、3年生の1学期に実施して低学年の漢字のつまずきを評価します。得点だけでなく、誤りの多いパターンに注目して分析するため、上の学年でも使うことができます。後に、4年生の漢字を中心に、5年生の1学期に実施する高学年用も加え、現在に至っています。

2015年に刊行された『誤り分析で始める！学びにくい子への「国語・算数」つまずきサポート』（共著・明治図書）には、「ひらがな単語聴写テスト」と「漢字誤り分析（低学年用）」が収録されています。

今回の『誤り分析を支援につなげる　読み書きの「つまずき」アセスメントブック』には、「音韻認識テスト」と「漢字誤り分析（高学年用）」を加え、就学前の子どもから、小学校高学年・中学生までも含めた「読み書きのつまずきアセスメント」ができるような構成になっています。

また、これまでの「通常の学級でやさしい学び支援」シリーズの教材プリントにプラスして、「誤り分析を支援につなげる」ための「ダウンロード教材」も利用できるようになっています。

確かなアセスメントは、確かな指導・支援につながります。適切な指導・支援は子どもの「分かった・できた」感につながり、自己有能感が高まっていきます。

さあ！　あなたも、今日から、アセスメントに基づいた「やさしい学び支援」を始めていきましょう。

著者　村井　敏宏

もくじ

第3章

ひらがなのつまずきをチェック「ひらがな単語聴写テスト」

第4章

漢字のつまずきをチェック「漢字誤り分析」

第1章 読み書きのつまずきと誤り分析

1 読み書きのつまずきとは？

■ 発達性ディスレクシア？

読み書きのつまずきを理解していくためには、まず「発達性ディスレクシア」について正しく理解していくことが必要です。「発達性ディスレクシア」は、「発達性読み書き障害」とも呼ばれ、文字を読むことが通常よりも大きく困難な状態です。読むことの困難があると、文字を思い出して正しく書くことにも困難が生じるため、一般的には「読み書き障害」と呼ばれています。

発達性ディスレクシアの発生は、その国の言語・文字体系によって大きく変わってきます。図1は、ディスレクシアの発生を「粒子性と透明性」の軸で表したものです。横軸が透明性で、文字と音の対応が一対一に近いほど透明性が高くなります。縦軸の粒子性は1文字が表す音の大きさを示しています。透明性が高い、もしくは粒子性が粗い、図の網掛けの部分にある言語ではディスレクシアの発生が少ないとされています。同じアルファベット言語で比較しても、透明性の低い英語やデンマーク語では10％以上の発生があるのに対して、透明性の高いイタリア語では3～4％と低くなっています。

日本語のかな文字と漢字はどちらも網掛けの範囲に入っているため、一般的にはディスレクシアの発生が少ない言語と考えられています。しかし日本語は、表音文字のかな文字と表意文字の漢字で表記され、文字体系が非常に複雑なために、読み書きのつまずきの表れ方もさまざまで、一般的な考えよりも発生の割合も多いと感じています。また、文字学習が透明性の高いかな文字から始まるために、低学年でのつまずきが気づかれにくいという特徴も持っています。そのため、日本語の発達性ディスレクシアの子どもに対応していくためには、低学年でのスクリーニングが必要であると考えています。

【参考文献】Wydell,T.N. & Butterworth,B.L.(1999). A case study of an English-Japanese bilingual with monolingual dyslexia .Cognition, 70, 273-305.

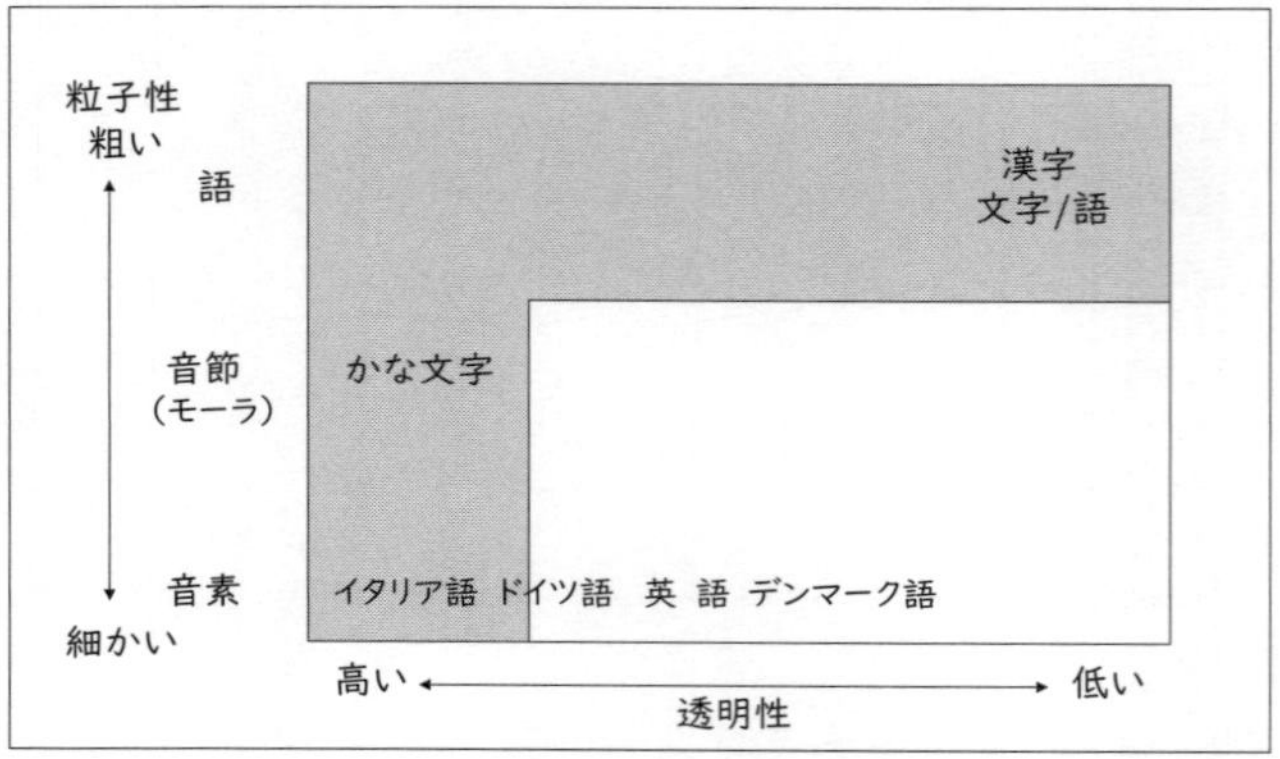

（Wydell & Butterworth, 1999をもとに作成）

図1　言語によるディスレクシア発生の違い

◘日本語の文字

それでは、日本語の文字について詳しくみていきましょう。

⊙ひらがな

ひらがなは形が音を表す表音文字で、日本語の音の単位であるモーラに対応して作られています。清音・撥音（46文字）と濁音・半濁音（25文字）の71文字からなり、基本的には文字と音の対応は一対一です（助詞表記や特殊音節で対応が崩れる場合もあります）。

字体は、漢字の草書体から変形したもので（安→あ、以→い）、丸みがあり流れるような字体です。

小学校1年生では、読めることを前提に書く練習が始まります。

⊙カタカナ

ひらがなと同じ表音文字で、現在では主に外来語や擬音語に使われています。ひらがなに対応した71文字に、英語の［V］の音を表す［ヴ］、長音表記の［ー］が加わります。

字体は、漢字の楷書体の部分から取られたとされ（阿→ア、伊→イ）、画数が少なく、直線的な字体です。

小学校1年生の2学期に単語として国語の教科書に出てきますが、学校での指導時間は多くありません。

⊙漢字

漢字は形が語としての意味を持つ表意文字です。

小学校で1026文字を学習し、学年ごとの配当が「学年別漢字配当表」で決められています。中学校で残りの常用漢字1110文字と、非常に多くの文字を覚える必要があります。

字体は、偏や旁などで構成され、画数が多く形が複雑なものが多くあります。

また、音読みや訓読みの複数の読みを持つものが多く、熟語や文になって初めて読み方が決まる、文脈依存の読みが特徴です。

このように、日本語の文字は種類も多彩で数も多いため、読み書きのつまずきをアセスメントするためには、文字種による違いや、文字レベル・単語レベル・文レベルなども考慮しながら行う必要があります。

2 誤り分析とは？

■ 読み書きのつまずきアセスメント

本書のタイトルにも使われている「アセスメント」とは、「客観的に評価すること」という意味を持っています。ここでいうアセスメントは、評価だけでなく、結果の分析・判断を行い、問題解決につなげていく流れであると考えます。

読み書きのつまずきアセスメントは、次のようなステップで指導・支援につなげていきます。

- 読み書きのつまずきの客観的評価を行う。
- つまずきの背景要因を分析する。
- 背景要因に対応した指導・支援計画を立てる。
- 指導・支援計画に基づいた指導・支援を行う。

読み書きのつまずきアセスメントには面接や検査などいくつかの方法があります。

- 行動観察…学習場面などを観察し、情報収集する方法。
- 面接………保護者や本人に対して主訴や現在の状況・これまでの経過などを聞き取る方法。
- 質問紙……質問に対して「はい・いいえ・どちらでもない」などをチェックし数値化する方法。
- 心理検査…標準化された検査を用いて、同じ年齢群との成績を比較する方法。知能・認知特性を測る検査や、読み書きの状態を把握する検査が用いられる。
- 誤り分析…ノートなどの子どもが書いたものや、日常的なテストなどを分析的にみて、誤りの特徴や傾向を捉える方法。

これらの方法には、それぞれ長所・短所があり、複数の方法を用いながらアセスメントしていく必要があります。

■ 誤り分析

誤り分析は、子どもが日常的に行っている日記や作文・計算、テスト等からその子の誤りを抽出して、その傾向から支援の方向性を見つけていくものです。同じパターンの誤りを繰り返している場合には、それがその子の弱い特性につながっていきます。他のアセスメント情報から、同じ弱い特性が確かめられ、反対に、強い特性の情報も得られると、弱い特性を強い特性でカバーしながら学習を進めていくという支援の方針を見つけることができます。

誤り分析は、チェックしたい内容やレベルによって課題を作成することで、つまずきをより分析的にみていくことができます。

本書では、音韻認識・ひらがな・漢字についての誤り分析の課題を紹介し、その実施法と分析法について解説します。

⊙音韻認識テスト

4・5歳頃に発達してくる音韻認識の力をチェックするテストです。5歳児をターゲットにしていますが、4歳から小学校1・2年生を対象に実施することができます。

数字・色名・ひらがな・ことばの呼称、モーラ分解、音抽出の3種類で構成されています。

⊙ひらがな単語聴写テスト

口頭で言った単語を、マス目の用紙にひらがなで書き取っていくテストです。

1年生の2学期くらいから実施でき、特殊音節の表記の誤り数で、かな文字の習得度をチェックすることができます。誤りのパターンや字形を分析することで、読み書きのつまずきタイプを知ることができます。

⊙漢字誤り分析

〈低学年用〉1・2年生で習う漢字で作った「かん字のまとめテスト」を用いて、3年生以降の漢字のつまずきをチェックします。30問の漢字・熟語の誤りパターンを分析表でチェックして、誤りの傾向を見つけ、漢字のつまずきタイプについて考えていきます。

〈高学年用〉4年生で習う漢字を中心にして作った「漢字のまとめテスト」を用いて、5年生以降の漢字のつまずきをチェックします。高学年の漢字では熟語が多くなるため、45文字の単漢字について誤りパターンを分析表でチェックします。

漢字誤り分析は、得点のみで評価するものではないため、中学生でも高学年用を使ったり、高学年で低学年用を使って分析する場合もあります。

3 読み書きのつまずきのタイプ

■読み書きのつまずきの背景を理解する

読み書きのつまずきは就学前の「ひらがながなかなか覚えられない」から始まり、小学校低学年、高学年、中学校と学齢が上がるにつれてさまざまなつまずきが出てきます。また、ひらがな・カタカナ・漢字・英語と文字種が変わるごとに、読むこと・書くことに新しい課題が生まれてきます。

読み書きのつまずきは、前述の「発達性ディスレクシア」以外でも起こってきます。子どもが持っている認知特性の偏りや行動特性からもつまずきが起こります。そのため、表面に表れているつまずきに対応するだけでなく、つまずきが起こっている背景要因に目を向けていく必要があります。

■読み書きのつまずきのタイプ

図2は読み書きのつまずきのタイプと、その重なりを図示したものです。大きくは読みの苦手さが背景にある「読み書き障害タイプ」と、書字が苦手な「書字障害タイプ」に分かれます。

⊙読み書き障害（ディスレクシア）タイプ

「発達性ディスレクシア」にあたるタイプです。文字から音を想起すること（デコーディング）がスムーズでないため、読みに時間がかかり、読み誤りも多くなります。音から文字を想起すること（エンコーディング）も苦手になるため、書く時の文字の思い出しにくさや、書き誤りもみられます。そのため一般的には「読み書き障害」と呼ばれています。かな文字・漢字・英語いずれも読み・書き（綴り）の困難を伴います。

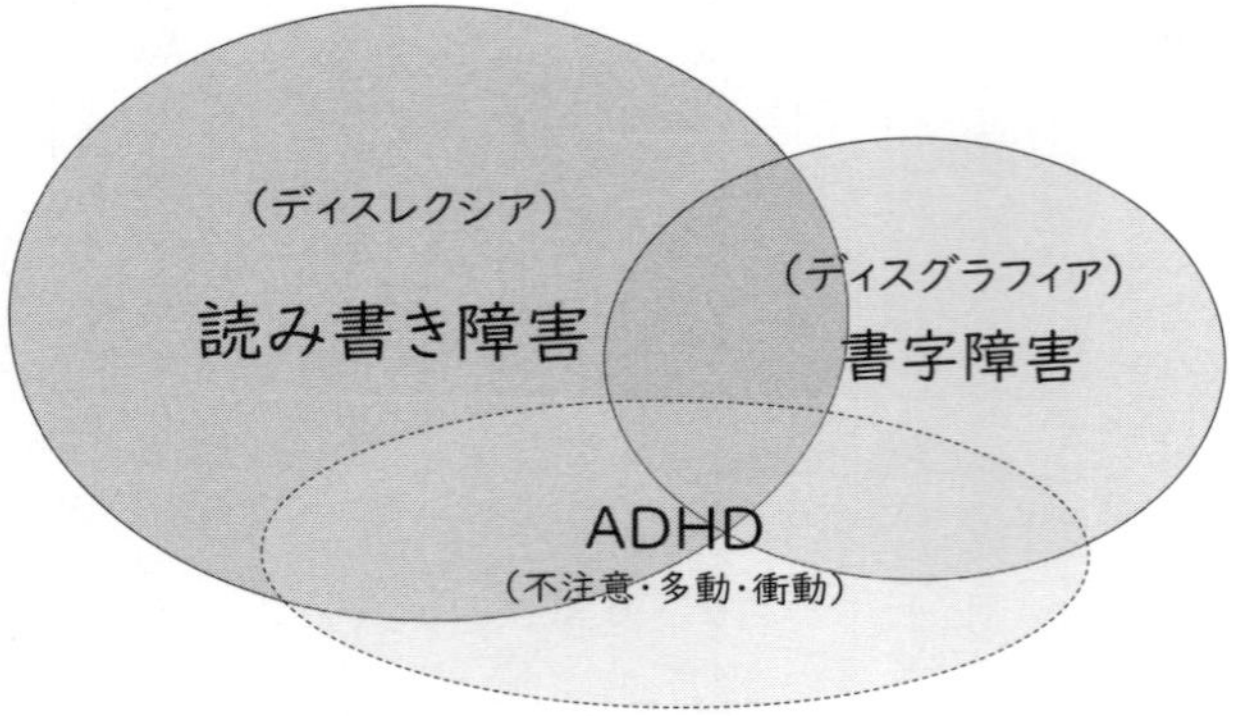

図2　読み書きのつまずきのタイプ

音韻認識や視覚認知の弱さが背景要因とされています。

⊙書字障害（ディスグラフィア）タイプ

文字を書く時に、形がうまく取れない書字の困難を伴うタイプです。

視覚認知・空間認知の弱さ、不器用、視機能の弱さなどが背景要因として考えられます。

空間認知の弱さがあると、ひらがなの「か・き・く・さ・た・と・ぬ・め・や・ん」などの斜めの線の向きを正しく書くことができません。不器用さがあると鉛筆を思い通りに動かすことができずに字形が崩れてしまいます。漢字は形が複雑になるため、部首の配置や偏と旁の位置関係をうまく書けずに字形の崩れや枠からのはみ出しが多い書字になってしまいます。

子どもの中には、読み書き障害タイプ・書字障害タイプの両方の要素を併せ持つ子どももおり、読字・書字ともに困難さがみられる場合もあります。

また、ＡＤＨＤの特徴である不注意や多動・衝動が読み書きに影響する場合もあります。

⊙多動・衝動タイプ

文字をゆっくり丁寧に書くこと自体が苦手なタイプです。

丁寧さのない形の崩れた文字を書くため、形の歪みや枠からのはみ出しが多くみられます。

漢字では、思い出しにくさや一貫しない誤りパターンがみられ、速く続けて書くための字形の崩れも多くなります。

⊙不注意タイプ

多動・衝動タイプのような字形の崩れはありませんが、濁点の付け忘れや促音の抜けなどのミスが目立ちます。

漢字では、不注意による同音異字の誤りや、部分的に形の違う漢字を書くことが多くなります。

ＡＤＨＤによる読み書きのつまずきは、単独で起こる場合もありますが、読み書き障害や書字障害に重なって起こることが多くみられます。

読み書きにつまずきのある子どもが、図２のどこに位置しているタイプなのかを明らかにしていくことが、アセスメントの第一歩になります。

第2章

就学前後の音韻認識をチェック
「音韻認識テスト」

1 「音韻認識テスト」のためのカードと記録用紙

■テスト用カード

音韻認識テストでは、テスト用カードを提示して子どもの反応を記録していきます。巻末記載のダウンロードサイトからテスト用カードをダウンロード・印刷して準備ください。カードは次のような構成になっています。

⊙数字（L判・10枚）
3・7・2・8・1・9・5・10・4・6、の順にリングでまとめておきます。

⊙色（L判・10枚）
赤・青・黄・緑・白・黒・茶・紫・橙（オレンジ）・桃（ピンク）、の順にリングでまとめておきます。

⊙ひらがな（L判・10枚）
お・け・す・ち・な・ほ・め・ゆ・り・わ、の順にリングでまとめておきます。

⊙ことば（L判・10枚）
でんわ・れいぞうこ・テレビ・でんしレンジ・とうもろこし・おたまじゃくし・ヘリコプター・じてんしゃ・スパゲティー・こいのぼり、の順にリングでまとめておきます。

⊙モーラ分解（はがき判・20枚）
いぬ（2）・うさぎ（3）・かに（2）・にわとり（4）・すいか（3）・ぶどう（3）・きゅうり（3）・とらっく（4）・ひこうき（4）・さいころ（4）・ゆきだるま（5）・こっぷ（3）・すりっぱ（4）・あかちゃん（4）・でんしゃ（3）・おとうさん（5）・しゃぼんだま（5）・しょうぼうしゃ（5）・びすけっと（5）・ぺんぎん（4）、の順にリングでまとめておきます
（括弧内の数字：モーラ数）。

＊「音抽出」はカードを使いません。

■ 記録用紙

巻末記載のダウンロードサイトから記録用紙をダウンロード・印刷して準備ください。

1枚目は、テスト用カードの反応を記録します。

2枚目は、「音抽出」の記録用紙とまとめです。

－音韻認識テスト－

名前（　　　　　　　　　）年齢（　　　　）　実施日

数字	3	7	2	8	1	9	5	10	4	6
色	赤	青	黄	緑	白	黒	茶	紫	オレンジ	ピンク
かな	お	け	す	ち	な	ほ	め	ゆ	り	わ
ことば	でんわ	れいぞうこ	テレビ	でんしレンジ	とうもろこし	おたまじゃくし	ヘリコプター	じてんしゃ	スパゲティー	こいのぼり
モーラ分解	いぬ ○○○○○	うさぎ ○○○○○	かに ○○○○○	にわとり ○○○○○	すいか ○○○○○	ぶどう ○○○○○	きゅうり ○○○○○	とらっく ○○○○○	ひこうき ○○○○○	さいころ ○○○○○
モーラ分解	ゆきだるま ○○○○○	こっぷ ○○○○○	すりっぱ ○○○○○	あかちゃん ○○○○○	でんしゃ ○○○○○	おとうさん ○○○○○	しゃぼんだま ○○○○○	しょうぼうしゃ ○○○○○	びすけっと ○○○○○	ぺんぎん ○○○○○

－音韻認識テスト－

名前（　　　　　　　　　）年齢（　　　　）　実施日

音抽出（例 たぬき）	語頭	なら	ちば	えひめ	かがわ	ふくおか	わかやま
	語尾	みえ	ぎふ	ぐんま	あきた	やまなし	しずおか
	語中	あいち	いわて	しまね	ふくい	みやぎ	とちぎ

音韻認識テストのまとめ

・数字：　/10　・色名：　/10　・かな：　/10　・ことば：　/10

コメント：

・モーラ分解：　/20

コメント：

・音抽出：語頭　/6　語尾　/6　語中　/6

コメント：

・まとめ

2 「音韻認識テスト」の実施法

■対象年齢

5歳児をメインターゲットにしていますが、小学校低学年で音韻認識の弱さがみられる場合は実施可能です。4歳児に行う場合には、「モーラ分解・音抽出」を省いてもかまいません。

■「数字・色・ひらがな」の実施

カードを提示して、正しく答えられた場合には〈○〉、分からない・無答の場合は〈×〉、間違った答えの場合にはその答えを記入します。「えっ」と思い出すのに一瞬、間があった場合にはTマークも記入します。これは語想起の弱さをチェックするためのものです。

数字	3 ○	7 ×	2 T5	8 ○
色	赤 ○	青 ○	黄 T○	緑 Tあお
かな	お ○	け さ	す ×	ち ○

■「ことば」の実施

「これは、何ですか?」と、カードを提示して呼称してもらいます。正しく答えられた場合には〈○〉、音韻の誤りがある場合には言った通りに記入します。「ヘリコプター→ひこうき」のように誤った場合や、無答の場合には、「ヘリ」と語頭音ヒントを出して確認します。答えられた場合にはその回答を記入し、答えられない場合には、「ヘリコ」のように語頭音ヒントを長くして確認します。

でんしレンジ	でんし↓でんしでんし ×
テレビ	てべり
れいぞうこ	れーごーそ
でんわ	○
ことば	

■「モーラ分解」の実施

カードに描かれている絵の名前を子どもに聞かせて、音の数だけ●を押さえさせます。

やり方が分かりにくいので、「いぬ」のカードを使って次のように教示します。

「ことばがいくつの音でできているか、言いながら●を押さえます。『い・ぬ』（言いながら●を押さえる）。2つですね。あなたもやってみてください。」「そうですね。それでは次の『うさぎ』をやってください。」（提示することばは普通のスピードで言う）

子どもが押さえたモーラを記録用紙にチェックします。

促音が抜けた場合はバツ印をつけます。

2モーラの「ちゃん」を1回で押さえたような場合には、つなげた音を括弧でつなぎ、チェックを入れます。

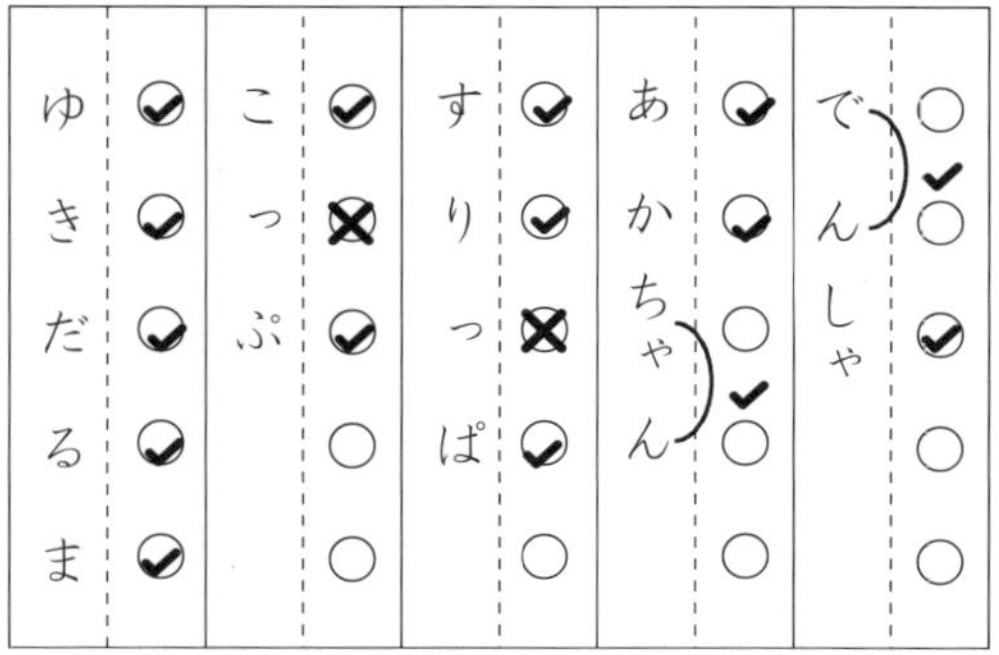

■音抽出の実施

語頭・語尾・語中をそれぞれ始める前に「たぬき」を例にして説明します。

次のように教示します。

「次は、『はじめの音は何かな？』です。『たぬき』で練習しましょう。（指を3本出して、指を1本ずつ押さえながら）『た・ぬ・き』、一番はじめの音はこの『た』の音になりますね。それでは、次のことばのはじめの音は何でしょう？『なら』」（提示することばは普通のスピードで言う）

子どもは提示されたことばを聞いて「はじめの音」を見つけていきます。指を使って考えるなどの行動がみられた場合にはメモをしておきます。

記録用紙の子どもが答えた音に○をつけます。語中の「みやぎ」で「あ」と答えたような場合には、「や」に○をつけ、横に「あ」と書き添えます。

■音韻認識テストのまとめ

まとめの欄に、それぞれの正答数とコメントを書き入れます。

テストの実施から分かったことを、「モーラ分解で、促音の抜けやモーラ数の不一致が多く、音韻認識の弱さがみられる。語想起の弱さもみられた。」のように「まとめ」を記録します。

3 「音韻認識《おんいんにんしき》テスト」の誤《あやま》り分析《ぶんせき》

■ Aちゃん（5歳・女児）

・主訴：サ行・タ行の発音が気になる。
・構音検査：「ブドウ↓ブロー・ゾウ↓ジョー」のような言い誤りはあるが構音障害ではない。
・絵カードを見て、ことばを思い出すのに時間がかかる。ひらがなが、なかなか覚えられない。

〈音韻認識テストの結果〉

－音韻認識テスト－

名前（　　　　　）年齢（　　　）　実施日

数字	3 ○	7 ×	2 ○	8 ○	1 ○	9 ○	5 2	10 ○	4 ○	6 9
色	赤 ○	青 ○	黄 ○	緑 あお	白 ○	黒 あお、じゃなくてくろ	茶 ○	紫 ○	オレンジ ○	ピンク ○
かな	お ○	け ×	す ×	ち ×	な ×	ほ ×	め ×	ゆ ×	り ×	わ ×
ことば	でんわ ○	れいぞうこ れーごーそ	テレビ テベリ	でんしレンジ ×でんし↓でんしばしら	とうもろこし とうもころし	おたまじゃくし おじゃまだくし	ヘリコプター タケコプター	じてんしゃ ○	スパゲティー スパデティー	こいのぼり こうもり
モーラ分解	いぬ ✓ ✓ ○ ○ ○	うさぎ ✓ ✓ ✓ ○ ○	かに ✓ あ✓ に✓ ○ ○	にわとり ✓ ✓ ✓ ✓ ○	すいか ✓ ✓ ✓ ○ ○	ぶどう ✓ ○）✓ ○ ○ ○	きゅうり ✓ ✓ ✓ ○ ○	とらっく ✓ ✓ っあ✓ ✓ ○	ひこうき ✓ ✓ ✓ ✓ い✓	さいころ ✓ ✓ ✓ ✓ う✓
モーラ分解	ゆきだるま ✓ ✓ ✓ ✓ ✓	こっぷ ✓ っお✓ ✓ う✓ ○	すりっぱ ✓ ✓ っい✓ ✓ あ✓	あかちゃん ✓ ✓ ✓ ✓ ○	でんしゃ ✓ ✓ ✓ あ✓ ○	おとうさん ✓ ✓ ✓ ✓ ✓	しゃぼんだま ✓ ✓ ✓ ✓ ✓	しょうぼうしゃ ○）✓ ○ ✓ ✓ ✓	びすけっと ✓ ✓ ✓ ✗ ✓	ぺんぎん ✓ ✓ ✓ ✓ ○

・覚えていない数字や、形の似ている数字への読み誤りがある。
・色名の誤りや、想起のしにくさがある。
・ひらがなの読みを覚えていない。
・ことばの音韻的な言い誤りが多い。
・モーラ数の不一致が多い。
・「音抽出」：実施なし

〈支援方針〉

・「キーワード法」（次項参照）を用いて、ひらがなの読みを覚える。
・「ことばあそび」の活動を取り入れ、音韻認識の力を高める。

■ Bくん（小学１年生・男児）

・主訴：本読みがたどたどしい。何回か練習すると、暗記して読んでいる。
・ひらがな単語聴写テスト（次章参照）：濁音・半濁音・拗音・促音の誤りが多い。

〈音韻認識テストの結果〉

－音韻認識テスト－

名前（　　　　　　　　）年齢（　　　）　実施日

数字	3 ○	7 ○	2 ○	8 ○	1 ○	9 ○	5 ○	10 ○	4 ○	6 きゅ、6
色	赤 ○	青 ○	黄 ○	緑 ○	白 ○	黒 ○	茶 ○	紫 ○	オレンジ ○	ピンク ○
かな	お ○	け ○	す ○	ち ○	な ○	ほ ○	め ○	ゆ ○	り ○	わ ○
ことば	でんわ で→でーま けーたい	れいぞうこ ○	テレビ ○	でんしレンジ × でんし→でんしれーじ	とうもろこし ○	おたまじゃくし おたま→おたまばくし あめんぼ	ヘリコプター ヘビコプター	じてんしゃ ○	スパゲティー スパ→スパペッティー パスタ	こいのぼり こいぼぼり
モーラ分解	いぬ ✓✓○○○	うさぎ ✓✓✓○○	かに ✓✓○○○	にわとり ✓✓✓✓○	すいか ✓✓✓○○	ぶどう ✓✓✓○○	きゅうり ✓✓✓○○	とらっく ✓✓×✓○	ひこうき ✓✓✓✓○	さいころ ✓✓✓✓○
モーラ分解	ゆきだるま ✓✓✓✓✓	こっぷ ✓×✓○○	すりっぱ ✓✓×✓○	あかちゃん ✓✓✓✓○	でんしゃ ✓✓✓あ✓○	おとうさん ✓✓✓✓✓	しゃぼんだま ✓✓✓✓✓	しょうぼうしゃ ○✓○○✓○✓	びすけっと ○✓○✓×✓	ぺんぎん ✓✓✓✓○

・数字・色名・ひらがなの呼称はほぼできている。
・ことばの呼称間違いや、音韻的な言い誤りがある。
・促音のモーラを認識できていない。長いことばのモーラ分解が不正確である。
・「音抽出」：語中音の抽出ができない。

〈支援方針〉

・「わくわくプリント」（＊）を用いて、音韻認識及び音と文字の対応を強化する。
・特殊音節（促音・拗音）の読み書きトレーニング。
・「マルチメディアデイジー教科書」の使用をすすめる。

＊竹田契一監修／村井敏宏・中尾和人著『読み書きが苦手な子どもへの〈基礎〉トレーニングワーク』明治図書

4 音韻の支援法

■ ひらがなの読みを覚える「キーワード法」

ひらがなは、形自体に意味を持たない表音文字です。発達性ディスレクシアの子どもは、音韻認識の弱さなどから、抽象的な形に対応した音を覚えること、つまりひらがなの読みを覚えていくことが苦手になります。

そのような子どもが、ひらがなの読みを覚えていく方法の1つが「キーワード法」です。「キーワード法」は、「ありの、あ」「いぬの、い」のように、ひらがなの音に対応するキーワードをつけて、意味との対応を手がかりに音を覚えていく方法です。

このような、キーワードの絵入りのカードを作成します。キーワードは、子どもと相談しながら、覚えやすいものを使うとよいでしょう。

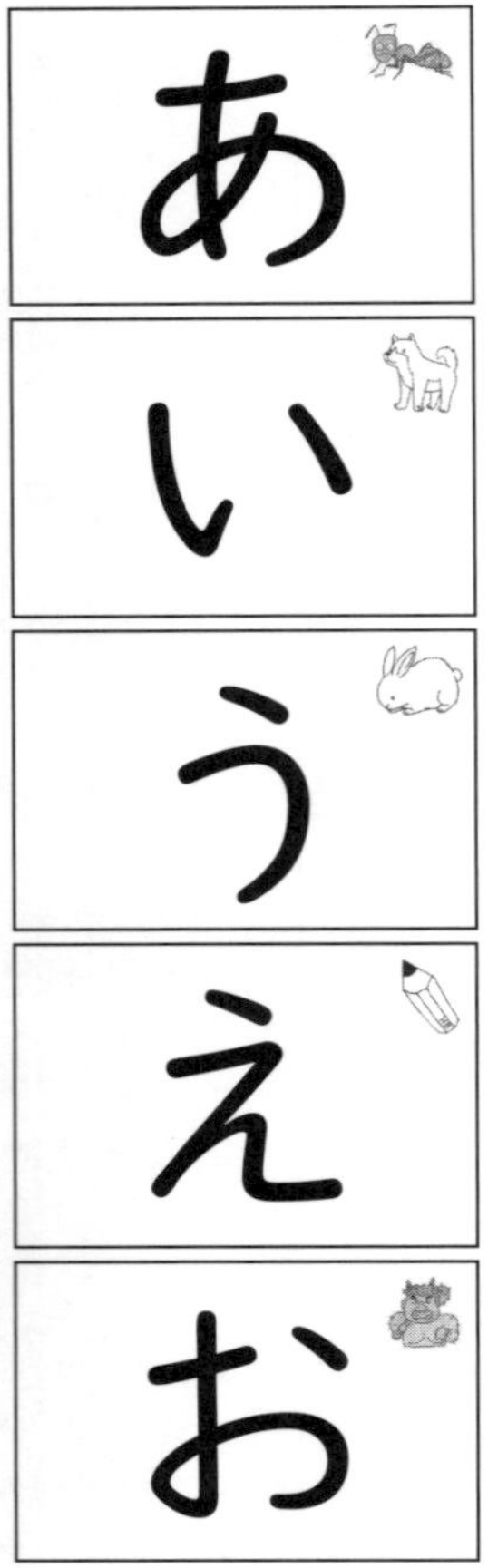

指導のステップを次に示します。あ行・か行と、5枚1セットで練習していきます。

①カードを見せて「ありの、あ」と言う練習をする（あ行、5枚を練習）。
②「ありの」は言わないで、「あ」だけを言う練習をする（あ行、5枚を練習）。
③絵を指で隠して、文字だけで「あ」と読む練習をする（あ行、5枚を練習）。
④5枚をランダムに重ねて、フラッシュで読む練習をする。
⑤「あお・いえ・うえ」など、ことばにして読む練習をする。
＊各行を練習し終えたら、行を交ぜて読みの練習をしていきます。思い出しにくい時には絵のヒントを見せてもかまいません。

このようなやり方で、1日5分ずつ練習していくと、5歳児でも2・3か月でひらがな清音の読みを覚えることが可能です。

1年生の場合、絵入りのひらがな表を作っておくと、書く時に思い出すヒントとしても使うことができます。

■音韻認識の力を伸ばすには

日本語の音の単位を「モーラ」と言います。「モーラ」は「音節」に似ていますが、日本語のリズムやイントネーションを加味した単位になっています。

日本語話者はこの単位の感覚が自然と身についています。俳句や短歌で、「五・七・五」「五・七・五・七・七」と数えられるのは、モーラの感覚が身についているからです。「おとうさん・おかあさん」のような長音を含んでいることばを聞いて5モーラと数えられます。「きって・せっけん」などの促音を含んでいることばを聞いて、音のない促音も1モーラとして数えられます。「しゅっぱつ」は「しゅ・っ・ぱ・つ」の4モーラに分けることができます。

私たちは、このモーラの感覚を遊びの中で身につけてきました。「しりとり」や「階段ジャンケン」などがそれにあたります。

⊙しりとり

前の人が言ったことばの最後のモーラを抜き出して、その音から始まることばを探してつなげていくゲームです。「みかん」のように、最後が「ん」になることばを言うと負けになります（「ん」［撥音］から始まることばが日本語に存在しないため）。

⊙階段ジャンケン

階段の下からスタートして、ジャンケンで勝った人の手で上れる段数が決まります。一番早く階段を上った人が勝ちです。モーラ数で数えると、グー（グミ・2）、チョキ（チョコレート・5）、パー（パイナップル・6）になります。

モーラの感覚を高めていくためには、モーラを数える経験を積んでいくことが大切です。次のようなゲームで、楽しみながらモーラ感覚を高めていきましょう。

⊙モーラすごろく

すごろくゲームのアレンジです。通常のサイコロの代わりに、いろんな果物の絵を貼ったサイコロを作ります。転がして出た果物の名前のモーラ数を数えて、その数だけコマを進めるゲームです。

箱の中にいろんな絵カードを入れて、取ったカードで進むやり方もあります。

⊙モーラ競争

ジャンケンで親を決めます。親がはじめの音を決めます。親以外の人は、その音から始まることばで、一番長いことばを探してモーラ数を数えます。一番長いことばを見つけた人が次の親になります。

■ 音韻認識を高めることば遊び

学齢期の音韻認識の力を測る課題として次のようなものがあります。

・混成………単語を構成する音を一定の間隔をあけて聴覚的に提示し、音が合成されたらどんな単語になるか答えさせる。
・抽出………聴覚提示された単語から指定された位置の音韻を取り出し発音する。
・分解………聴覚提示された単語を音韻に区切って発音したりタッピングを行ったりする。
・削除………聴覚提示された単語から指定された場所の音韻を取り除き、残った音素を発音する。
・置き換え…音韻を入れ替えて新たな単語を作る。
・逆唱………聴覚提示された単語を反対に言う。

これらを、就学前の子どもや、音韻認識の弱い低学年児童にそのまま実施するのは難しい面があります。しかし、これらをヒントに、子どもが楽しみながら実施できることば遊びを考えてみました。

次に紹介することば遊びは、どれも聴覚提示されたことばを聞いて、一時的に記憶して音韻操作を行う課題です。このように、音のイメージをしっかり記憶する・記憶した音に注意を向ける・音を抜き出したり入れ替えたりの操作をする、という活動が音韻認識の力を伸ばしていくと考えます。自身も楽しみながら、子どもと一緒に取り組んでください。

⊙どうぶつさがし

「れいぞうこ、の中にいる動物は?」のようにことばを提示して、その中に含まれる動物の音韻（ぞう）を抽出することば遊びです。「ぼうし（ボオシ）」のように文字が対応していても音が動物名に対応しない場合もあるので気をつけましょう。

〈どうぶつさがし〉の例

・れいぞうこ　・はくさい　・クリスマス　・そろばん　・くしかつ
・トランプ　・かばん　・カメラ　・おふろば　・ぞうきん　・おかえりなさい
・おぞうに　・トランペット　・しろばい　・さいころ　・サイダー
・サイレン　・しかく　・レストラン　・トラック　・トラクター
・イギリス　・トランポリン　・あじさい　・サルビア
・みやぎけん　・いしかわけん

＊「うみのいきものさがし」など別バージョンを考えてみるのもいいでしょう。

・すいか　・ネクタイ　・わかめ　・はるさめ　・どんぶり　等

⊙はんたいどうぶつ

「動物の名前を反対に言います。何の動物でしょう？『ねつき』のように問題を出します。2モーラ、3モーラ、4モーラと、モーラ数が増えるほど難しくなります。「ぞう」のように、お段の長音を含むことばは「お」か「う」か混乱するため省いておきましょう。反対ことばは、「くだもの」や「やさい」など、どんなことばでも問題が作れます。カテゴリーを決めないで、3モーラ・4モーラと音の数で問題を作ると難易度が上がります。

〈はんたいどうぶつ〉の例

・まう　・しう　・たぶ　・ばろ　・ぎや　・ぬい
・こね　・かし　・まく　・すり　・るさ　・らと
・いさ　・ばか　・くば
・じつひ　・きぬた　・ねつき　・みずね　・だくら
・だんぱ　・らじく　・かるい　・かしあ　・んりき
・らりご　・らあこ
・まうまし　・ししのい　・んおいら　・いかなと　・まぐいらあ

⊙タヌキでいおう

「ことばから『タ』の音を取って言ってください。『たぬき』のように問題を出します。ことばの最初の音が「タ」の場合が一番簡単で、ことばの中にあったり、ことばが長くなったりすると難しくなります。「タ」が2つ・3つ含まれることばも入れておくとおもしろくなります。

〈タヌキでいおう〉の例

・たぬき　・たいや　・たおる　・たから　・たきび　・たたみ
・たいよう　・たけのこ　・たこやき　・たなばた　・たんぽぽ
・あたま　・こたつ　・すたんぷ　・はなたば　・ぐらたん
・かたつむり　・おたまじゃくし　・あとかたづけ　・さんたくろーす
・おりたたみ　・あたまいた　・かたたたき

＊「カタヌキでいおう」など、取る音を増やすと難易度が上がります。

第3章

ひらがなのつまずきをチェック

「ひらがな単語聴写テスト」

1 「ひらがな単語聴写テスト」と分析用紙

□テスト用紙

ひらがな単語聴写テストでは、子どもは読み上げられた単語を聞いて、マス目の記入用紙に書き取っていきます。

巻末記載のダウンロードサイトからテスト用紙をダウンロード・印刷して準備ください。

「ひらがな単語聴写テスト」については『読み書きが苦手な子どもへの〈つまずき〉支援ワーク』（竹田契一監修・村井敏宏著　明治図書）でも紹介しています。参考にしてください。

⊙聴写用単語（30語）

①くま	⑯かぜ
②うさぎ	⑰えんそく
③あいさつ	⑱ぺんぎん
④はっぱ	⑲きょうしつ
⑤おもちゃ	⑳うんどうじょう
⑥おに	㉑いっしょ
⑦どんぐり	㉒ちょっぴり
⑧しいくごや	㉓じどうしゃ
⑨おとうさん	㉔しゃっくり
⑩じょうず	㉕ほっきょく
⑪きつね	㉖ぎゅっと
⑫ごはん	㉗はらっぱ
⑬しんかんせん	㉘しゅっぱつ
⑭すいぎゅう	㉙きょうそう
⑮しょっき	㉚どっこいしょ

※次のことばは、必要に応じて説明を加えてください。

「しいくごや」

＊ウサギやニワトリを育てている小屋です。

「すいぎゅう」

＊大きな角の牛のことです。

「しょっき」

＊給食の時に用いるうつわのことです。

「ほっきょく」

＊シロクマが住んでいる寒いところのことです。

◎**記入用紙**

※Ｂ４サイズに印刷します。

ことばをかきましょう

年《ねん》

組《くみ》

番《ばん》

1	2	3	4	5	6	7

8	9	10	11	12	13	14	15

16	17	18	19	20	21	22

23	24	25	26	27	28	29	30

■ 分析用紙

⊙単語の音節分類

単語は、9種類の音節に分類されます。

1. 清音　2. 濁音　3. 半濁音　4. 撥音
5. 拗音　6. 長音　7. 拗長音　8. 促音　9. 拗促音

5～9が特殊音節に分類されます。

＊一般的には「撥音」も特殊音節に含まれますが、本テストで聴写を行った場合、清音と同程度の誤り率であるため、分析では特殊音節に含めていません。

〈単語の音節分類〉

番号	単語	音節と分類
①	くま	く 1 / ま 1
②	うさぎ	う 1 / さ 1 / ぎ 2
③	あいさつ	あ 1 / い 1 / さ 1 / つ 1
④	はっぱ	は 1 / っ 8 / ぱ 3
⑤	おもちゃ	お 1 / も 1 / ちゃ 5
⑥	おに	お 1 / に 1
⑦	どんぐり	ど 2 / ん 4 / ぐ 2 / り 1
⑧	しいくごや	し 1 / い 6 / く 1 / ご 2 / や 1
⑨	おとうさん	お 1 / と 1 / う 6 / さ 1 / ん 4
⑩	じょうず	じょう 7 / ず 2
⑪	きつね	き 1 / つ 1 / ね 1
⑫	ごはん	ご 2 / は 1 / ん 4
⑬	しんかんせん	し 1 / ん 4 / か 1 / ん 4 / せ 1 / ん 4
⑭	すいぎゅう	す 1 / い 1 / ぎゅう 7
⑮	しょっき	しょっ 9 / き 1
⑯	かぜ	か 1 / ぜ 2
⑰	えんそく	え 1 / ん 4 / そ 1 / く 1
⑱	ぺんぎん	ぺ 3 / ん 4 / ぎ 2 / ん 4
⑲	きょうしつ	きょう 7 / し 1 / つ 1
⑳	うんどうじょう	う 1 / ん 4 / ど 2 / う 6 / じょう 7
㉑	いっしょ	い 1 / っ 8 / しょ 5
㉒	ちょっぴり	ちょっ 9 / ぴ 3 / り 1
㉓	じどうしゃ	じ 2 / ど 2 / う 6 / しゃ 5
㉔	しゃっくり	しゃっ 9 / く 1 / り 1
㉕	ほっきょく	ほ 1 / っ 8 / きょ 5 / く 1
㉖	ぎゅっと	ぎゅっ 9 / と 1
㉗	はらっぱ	は 1 / ら 1 / っ 8 / ぱ 3
㉘	しゅっぱつ	しゅっ 9 / ぱ 3 / つ 1
㉙	きょうそう	きょう 7 / そ 1 / う 6
㉚	どっこいしょ	ど 2 / っ 8 / こ 1 / い 1 / しょ 5

⊙誤り分析表

子どもが聴写した記入用紙から誤りを見つけ、分析表に書き込みます。

・単語聴写の誤り分析

年　　組　　番　氏名

	1.清音	2.濁音	3.半濁音	4.撥音	5.拗音	6.長音	7.拗長音	8.促音	9.拗促音
誤り									
誤数	/50	/12	/5	/10	/5	/5	/5	/5	/5
割合	%	%	%	%	%	%	%	%	%
				特殊音節誤数	／25				

＊誤りの特徴

特殊音節誤数:　　／25［　年生平均（　　）、平均範囲内 ・ 要注意群 ・ 困難群］

［拗音部分の誤り:　　／15　長音部分の誤り:　　／10　促音部分の誤り:　　／10］

2 「ひらがな単語聴写テスト」の実施方法・分析方法

■実施方法

※テストは個別でも集団でも実施できます。ここでは集団実施のやり方を説明します。

⊙準備物

・「ことばをかきましょう」の記入用紙（B４サイズ）
・鉛筆２本（消しゴムは使わないので、机の上に出さないよう指示します）

⊙教示

次のような教示をして、聴写用単語を順番に、みんなが書き終わっていることを確認しながら読み上げてください。

「先生が今から言うことばを順番に、ひらがなで書いていきましょう。」

「消しゴムは使わないので、間違った時は線で消して、横か下に書きましょう。」

「分からない字があった時は、〇を書いておきましょう。」

「丁寧に枠からはみ出さないように書きましょう。」

「では始めます。１番『くま』。書きましょう。」

※通常のスピードで、番号と単語名を明瞭に言う。

「聞き取れなかったら、手を挙げてください。」

※子どもが手を挙げた時は、３回まで繰り返してもよい。

※「しいくごや・すいぎゅう・しょっき・ほっきょく」については必要に応じて説明を加えてください。

■ 分析方法

子どもが書いた記入用紙と誤り分析表を用意して分析をしていきましょう。
まず、記入用紙を見て誤りのある単語の番号にチェックをつけておきましょう。
順番に誤りをチェックして分析表に記入していきます（37ページの事例参照）。

誤りのある音節の枠の中に元の単語と誤った単語が比較できるように書いていきます。
・2「うさじ」→「2．濁音」の枠の中に「うさぎ→うさじ」
・4「はっぽ」→「3．半濁音」の枠の中に「はっぱ→はっぽ」
・5「おもちゅ」→「5．拗音」の枠の中に「おもちゃ→おもちゅ」

1つの単語の中に2つ以上の誤りがある場合もあります。
・10「どじゅ」→「7．拗長音」の枠の中に「じょうず→どじゅ」
　→「2．濁音」の枠の中に「じょうず→どじゅ」
・19「しゅうしく」→「7．拗長音」の枠の中に「きょうしつ→しゅうしく」
　→「1．清音」の枠の中に「きょうしつ→しゅうしく」

すべての誤りを記入したら、音節の総数と誤数から誤数割合も出しておきます。
次に、特殊音節の誤数を集計します。5．拗音から9．拗促音、までの誤数を集計して「特殊音節誤数」の欄に書き入れます。次ページの表「学年別平均誤答数」から学年の「平均値」及び誤数が「平均範囲内・要注意群・困難群」のいずれの範囲にあるかを記入します。

拗長音・拗促音に誤りがある場合には、拗音部分の誤りか、長音・促音部分の誤りかをチェックします。
・「すいぎゅう」→「すいごう」→拗音部分の誤り
・「きょうそう」→「そそう」→拗音部分の誤り・長音部分の誤り
・「しゃっくり」→「しゃくり」→促音部分の誤り
・「ぎゅっと」→「ずと」→拗音部分の誤り・促音部分の誤り
5．拗音・6．長音・8．促音の誤り数と合わせて「拗音部分の誤り・長音部分の誤り・促音部分の誤り」の個数を記入します。

誤り数の集計が終わったら、「＊誤りの特徴」欄に、特殊音節の誤りの傾向・特徴などを整理します。また、点数には表れない反応速度や行動観察なども記入しておきます。
・思い出せずに〇で書いている文字が多い。・濁音を思い出すのに時間がかかる。…など。

■特殊音節の学年別平均誤答数

下の表は、ある公立小学校の全学年で「ひらがな単語聴写テスト」を実施した結果です。10月に実施した結果を特殊音節の平均誤答数から統計処理しています。

平均値に標準偏差を足した値より多い誤数（1年生であれば10～13）が要注意群、平均値に標準偏差の2倍を足した値より多い誤数（1年生であれば14以上）が困難群になります。

特殊音節の聴写は、通常の子どもであれば3年生になるとほぼ誤りなく書けるようになります。3年生では、4～5が要注意群、6以上が困難群になります。

10月に実施した結果ですので、1学期や3学期に実施した場合には、前後の学年の結果とも比較してみてください。

表　学年別平均誤答数（特殊音節25個中）

	平均値	標準偏差	要注意群	困難群
1年	4.72	4.37	１０～１３	１４以上
2年	2.17	3.31	６～８	９以上
3年	1.01	2.05	４～５	６以上
4年	0.76	1.63	３～４	５以上
5年	0.30	0.63		
6年	0.63	1.16		

■字形の評価

書字障害タイプや多動・衝動タイプの場合、特殊音節の誤りだけでなく字形の評価も必要になります。字形の評価は、基準が設けにくく点数化することが難しいため、評価のポイントのみ示しておきます。

⊙書字障害タイプ

空間認知の弱さがある場合、斜め線の方向が分かりにくいため、「か・き・く・さ・た・と・ぬ・め・や・ん」などの文字で、斜め線が縦線や反対向きになることがあります。

また、線の交わりや曲がりも不正確になりがちです。

不器用さがあると、線に歪みが出たり、曲がりがうまく書けなかったりする場合があります。

視機能の弱さがあると、「は・ほ」「ぬ・ね」を書き誤ることもあります。

⊙多動・衝動タイプ

速くいい加減に書いてしまうために、全体的に字形が崩れてしまいます。文字の大きさがバラバラになる場合もあります。

枠からのはみ出しも多くなります。はみ出し数の平均値は、低学年で5・6個、高学年で2・3個です。はみ出し数のチェックも字形評価の視点になります。

■ 分析練習事例

これは1年生のAくんが聴写をしたものです。
「単語の音節分類」を参考にしながら、誤り分析表に誤りを記入してみましょう。
解答は次のページにあります。

ことばをかきましょう

1 年《ねん》　組《くみ》　番《ばん》　Aくん

1	くま
2✓	うさじ
3	あいさつ
4✓	はっぽ
5✓	おもちゅ
6	おに
7✓	どんぶり
8✓	しくごや
9	おとうさん
10✓	どじゅ
11	きつね
12	ごはん
13✓	しんかせん
14✓	すいごう
15✓	そき
16✓	かれ
17	えんそく
18✓	ぺんじん
19✓	しゅうしく
20✓	うんどうじゅ
21✓	いしゅ
22✓	そぺり
23	じどうしゃ
24✓	しゃくり
25✓	ほそく
26✓	ずと
27✓	はだぱ
28✓	しゅぱつ
29✓	そそう
30✓	どこいそ

・単語聴写の誤り分析

1 年　組　番　氏名　Aくん

	1.清音	2.濁音	3.半濁音	4.撥音	5.拗音	6.長音	7.拗長音	8.促音	9.拗促音
誤り	きょうしつ→しゅうしく はらっぱ→はだぱ	うさぎ→うさじ どんぐり→どんぶり じょうず→どじゅ かぜ→かれ ぺんぎん→ぺんじん	はっぱ→はっぽ ちょっぴり→そぺり	しんかんせん→しんかせん	おもちゃ→おもちゅ いっしょ→いしゅ ほっきょく→ほそく どっこいしょ→どこいそ	しいくごや→しくごや	じょうず→どじゅ すいぎゅう→すいごう きょうしつ→しゅうしく うんどうじょう→うんどうじゅ きょうそう→そそう	いっしょ→いしゅ ほっきょく→ほそく はらっぱ→はだぱ どっこいしょ→どこいそ	しょっき→そき ちょっぴり→そぺり しゃっくり→しゃくり ぎゅっと→ずと しゅっぱつ→しゅぱつ
誤数	2 /50	5 /12	2 /5	1 /10	4 /5	1 /5	5 /5	4 /5	5 /5
割合	4 %	42 %	40 %	10 %	80 %	20 %	100 %	80 %	100 %
				特殊音節誤数	19／25				

*誤りの特徴

特殊音節誤数：　19 ／25［ 1 年生平均（4.72）、平均範囲内 ・ 要注意群 ・困難群］

［拗音部分の誤り：12 ／15　長音部分の誤り：　4 ／10　促音部分の誤り：　9 ／10］

*拗長音・拗促音はすべて誤っている。　拗音部分、促音部分の誤りが多い。

*濁音・半濁音の誤りが比較的多い。

*濁音を思い出すのに時間がかかっていた。

■ 分析練習への解説

○特殊音節の誤数が25個中19個で、1年生の平均誤数に比べて非常に多い。

○1年生の平均誤数＋2標準偏差（14以上）で「困難群」にあたる。

○拗音・拗長音・拗促音の、拗音が関係する音節の誤りが多い。

○促音・拗促音の、促音の抜けが多い。

○特殊音節以外に、濁音・半濁音の誤りが多い。

○濁音の文字を思い出しにくい。

※このような特徴を総合して判断すると、「読み書き障害（ディスレクシア）タイプ」の可能性が高い。

3 「ひらがな単語聴写テスト」による タイプ別・事例分析

■ 読み書き障害（ディスレクシア）タイプ

⊙Cさん（1年生）の聴写

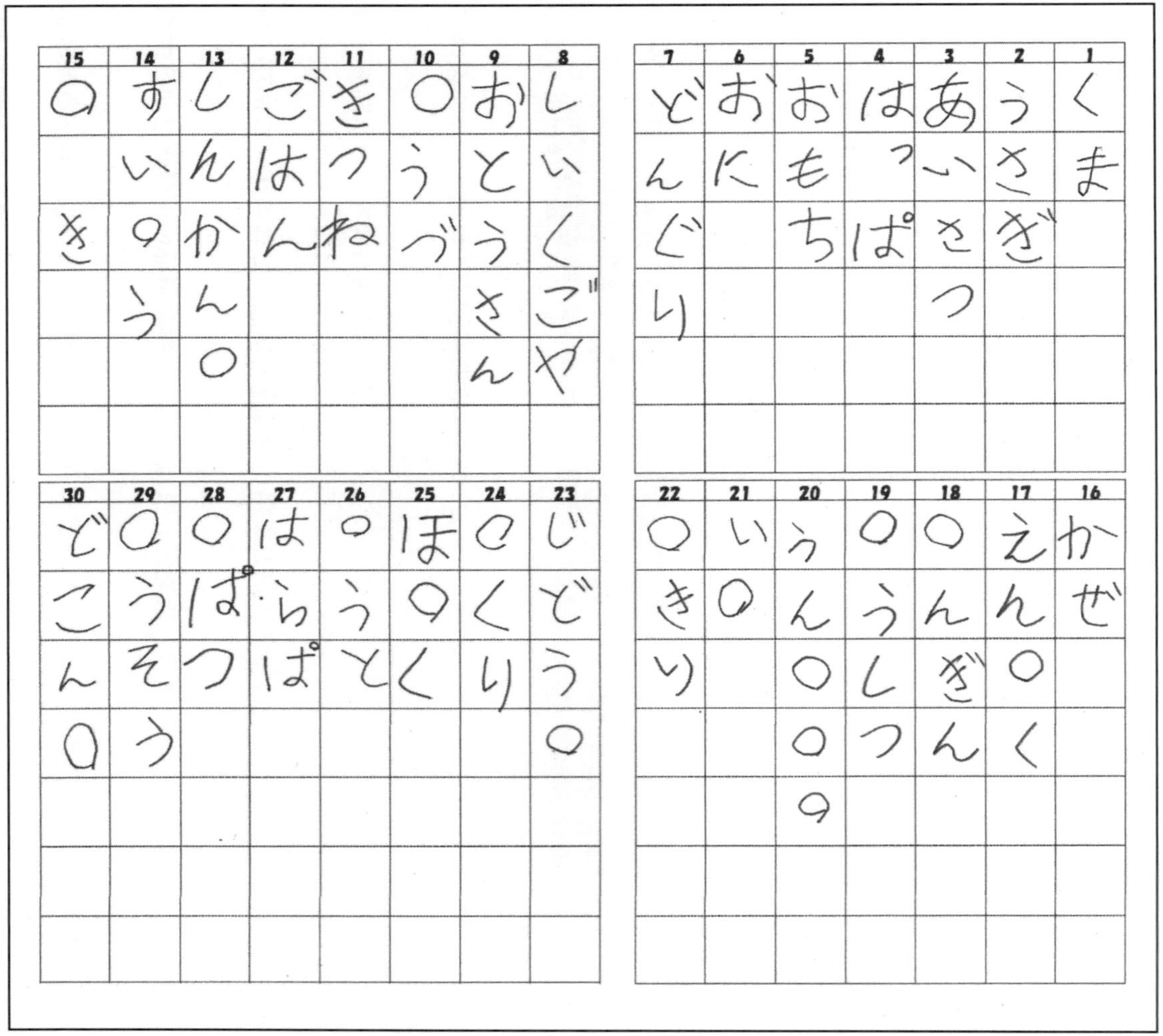

⊙Cさんの分析結果

・特殊音節誤数20個（困難群）
・拗音部分がすべて誤りで、思い出せないためほとんどが○で書かれている。
・「はっぱ」以外の促音はすべて抜けている。
・清音・濁音・半濁音・撥音にも誤りがみられる。
・文字を思い出しにくい。

⊙読み書き障害タイプの特徴

＊背景要因
↓音韻認識の弱さ
・文字を思い出しにくい。
・似ている音に書き間違える。
・拗音が正しく書けない。
・促音が抜けることが多い。
・拗長音・拗促音が苦手。
・字形に大きな崩れはない。

	1.清音	2.濁音	3.半濁音	4.撥音	5.拗音	6.長音	7.拗長音	8.促音	9.拗促音
誤り	しんかんせん →しんかん○ えんそく→ えん○く どっこいしょ →どこん○	じょうず→ ○うづ うんどうじょう →うん○○○	ぺんぎん→ ○んぎん ちょっぴり→ ○きり	しんかんせん →しんかん○	おもちゃ→ おもち いっしょ→ い○ じどうしゃ→ じどう○ ほっきょく→ ほ○く どっこいしょ →どこん○	うんどうじょう →うん○○○	じょうず→ ○うづ すいぎゅう→ すい○う きょうしつ→ ○うしつ うんどうじょう →うん○○○ きょうそう→ ○うそう	いっしょ→ い○ ほっきょく→ ほ○く はらっぱ→ はらぱ どっこいしょ →どこん○	しょっき→ ○ き ちょっぴり→ ○きり しゃっくり→ ○くり ぎゅっと→ ○うと しゅっぱつ→ ○ぱつ
誤数	3 /50	2 /12	2 /5	1 /10	5 /5	1 /5	5 /5	4 /5	5 /5
割合	6 %	17 %	40 %	10 %	100 %	20 %	100 %	80 %	100 %
				特殊音節誤数	20／25				

＊誤りの特徴
特殊音節誤数： 20／25［ 1年生平均（ 4.72 ）、平均範囲内 ・ 要注意群 ・ 困難群］
［拗音部分の誤り： 15／15　長音部分の誤り： 2／10　促音部分の誤り： 9／10］
＊拗音・拗長音・拗促音はすべて誤っている。　拗音部分はすべて誤りで、促音部分の誤りも多い。
＊清音・濁音・半濁音・撥音にも誤りがみられる。
＊思い出せずに○で書いている文字が多い。

■書字障害（ディスグラフィア）タイプ

◎Dさん（1年生）の聴写

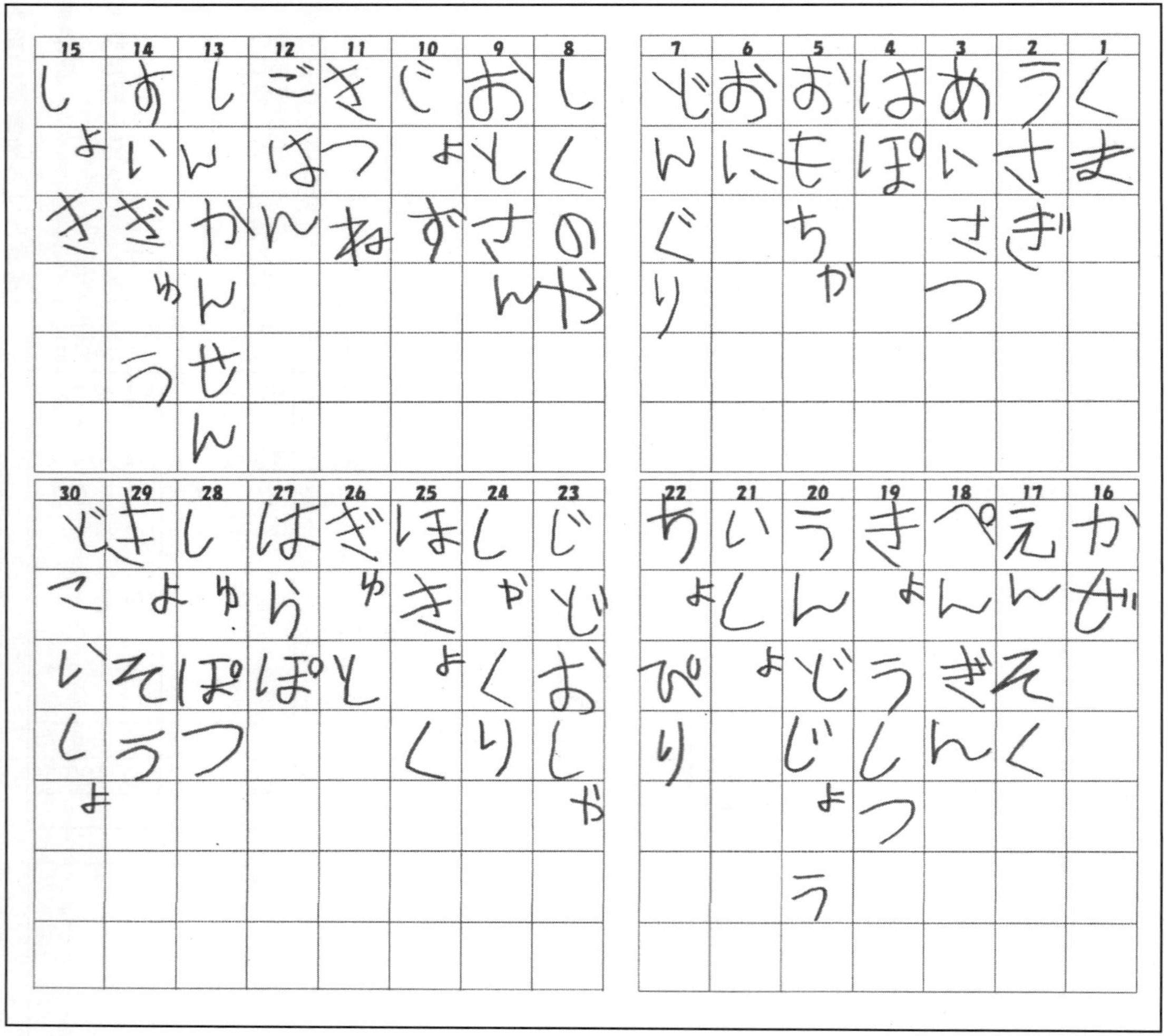

⊙Dさんの分析結果

- 特殊音節誤数16個（困難群）
- 促音・拗促音がすべて誤り。
- 促音部分はすべて誤りで、長音部分の誤りも多い。
- 拗音部分の誤りはない。
- 半濁音の「ぱ」を、形の似ている「ぽ」に誤っている。
- 「ん・や・と」の斜め線が縦線になり、字形が崩れている。

⊙書字障害タイプの特徴

＊背景要因（いずれかが関連）
↓空間認知の弱さ
↓不器用
↓視機能の弱さ

- 文字の形がうまく取れない。
- 斜め線の方向が分かりにくい。
- 線の交わりが分かりにくい。
- 文字の大きさ・バランスがうまく取れない。
- 形の似ている字に書き間違える。
- 促音・長音が抜けることが多い（時間感覚の弱さ※）。

※注：空間認知の弱さがあると時間感覚も弱くなります。そのため、促音（音のすき間）、長音（音の伸びている部分）のように時間感覚に関係する特殊音節の認識が難しくなります。

	1.清音	2.濁音	3.半濁音	4.撥音	5.拗音	6.長音	7.拗長音	8.促音	9.拗促音
誤り		しいくごや→ しくのや	はっぱ→ はぽ はらっぱ→ はらぽ しゅっぱつ→ しゅぽつ			しいくごや→ しくのや おとうさん→ おとさん うんどうじょう →うんどじょう じどうしゃ→ じどおしゃ	じょうず→ じょず きょうそう→ きょそう	はっぱ→ はぽ いっしょ→ いしょ ほっきょく→ ほきょく はらっぱ→ はらぽ どっこいしょ →どこいしょ	しょっき→ しょき ちょっぴり→ ちょぴり しゃっくり→ しゃくり ぎゅっと→ ぎゅと しゅっぱつ→ しゅぽつ
誤数	0 /50	1 /12	3 /5	0 /10	0 /5	4 /5	2 /5	5 /5	5 /5
割合	0 %	8 %	60 %	0 %	0 %	80 %	40 %	100 %	100 %
				特殊音節誤数	16／25				

＊誤りの特徴

特殊音節誤数： 16／25［ 1年生平均（ 4.72 ）、平均範囲内 ・ 要注意群 ・ 困難群］

［拗音部分の誤り： 0 ／15　長音部分の誤り： 6 ／10　促音部分の誤り： 10 ／10］

＊促音・拗促音はすべて誤っている。　促音部分はすべて誤りで、長音部分の誤りも多い。　拗音部分の誤りはない。

＊半濁音の「ぱ」をすべて「ぽ」に誤っている。

＊「ん・や・と」の斜め線が縦線になり、字形が崩れている。

■ 多動・衝動タイプ

⊙Eさん（1年生）の聴写

⊙Eさんの分析結果

・特殊音節誤数２個（平均範囲内）
・特殊音節の誤りは少ない。
・文字の大きさや、線の曲がりや傾きが不安定で全体的に字形の崩れが大きい。
・枠からのはみ出しが多い（21カ所）。＊低学年平均５・６カ所

⊙多動・衝動タイプの特徴

＊背景要因
↓多動性・衝動性
↓不注意

・文字をゆっくり丁寧に書けない。
・文字の形・大きさ・バランスが整わない。
・枠からのはみ出しが多い。
・不注意な誤りもある。
・苦手なことに取り組みにくい。

	1.清音	2.濁音	3.半濁音	4.撥音	5.拗音	6.長音	7.拗長音	8.促音	9.拗促音
誤り		どんぐり→ とんぐり				おとうさん→ おとおさん			ぎゅっと→ じゅっと
誤数	0 /50	1 /12	0 /5	0 /10	0 /5	1 /5	0 /5	0 /5	1 /5
割合	0 %	8 %	0 %	0 %	0 %	20 %	0 %	0 %	20 %
				特殊音節誤数	2 ／25				

＊誤りの特徴
特殊音節誤数： 2 ／25［ 1年生平均（ 4.72 ）平均範囲内 ・ 要注意群 ・ 困難群］
［拗音部分の誤り： 1 ／15　長音部分の誤り： 1 ／10　促音部分の誤り： 0 ／10］
＊特殊音節の誤りは少ない。
＊文字の大きさや、線の曲がりや傾きが不安定で字形の崩れが大きい。
＊枠からのはみ出しが多い（21カ所）。

■ 不注意タイプ

◎Fさん（1年生）の聴写

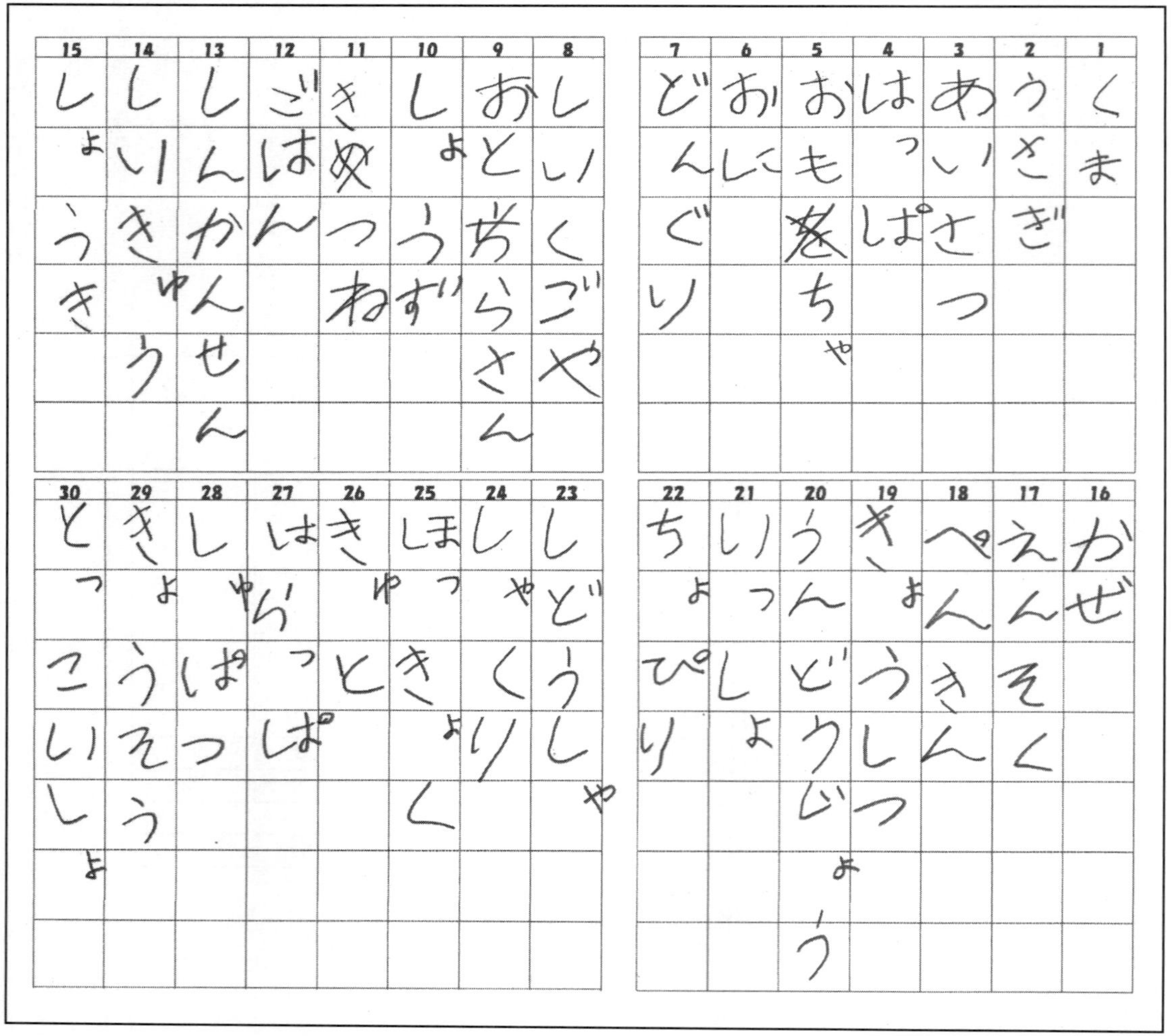

⊙Fさんの分析結果

・特殊音節誤数８個（平均範囲内）
・拗促音の促音部分がすべて誤っている。
・濁点を付け忘れていることが多い（６カ所）。
・一旦書いて、書き直している文字がある（３カ所）。

⊙不注意タイプの特徴

＊背景要因
↓不注意

・濁点の付け忘れがある。
・拗長音・拗促音でミスが出やすい。
・不注意な文字の書き誤りがある。
・字形に大きな崩れはない。

	1.清音	2.濁音	3.半濁音	4.撥音	5.拗音	6.長音	7.拗長音	8.促音	9.拗促音
誤り	すいぎゅう→ しいきゅう	ぺんぎん→ ぺんきん じどうしゃ→ しどうしゃ どっこいしょ→ とっこいしょ				おとうさん→ おとらさん	じょうず→ しょうず すいぎゅう→ しいきゅう		しょっき→ しょうき ちょっぴり→ ちょぴり しゃっくり→ しゃくり ぎゅっと→ きゅと しゅっぱつ→ しゅぱつ
誤数	1 /50	3 /12	0 /5	0 /10	0 /5	1 /5	2 /5	0 /5	5 /5
割合	2 %	25 %	0 %	0 %	0 %	20 %	40 %	0 %	100 %
				特殊音節誤数	8 ／25				

＊誤りの特徴

特殊音節誤数： 8 ／25［ 1年生平均（ 4.72 ）・平均範囲内・要注意群 ・ 困難群］

［拗音部分の誤り： 3 ／15　長音部分の誤り： 1 ／10　促音部分の誤り： 5 ／10］

＊拗促音の促音部分がすべて誤っている。

＊濁点を付け忘れていることが多い（6カ所）。

＊一旦書いて、書き直している文字がある（3カ所）。

4　かな文字の支援法

■ひらがなの書字指導

鉛筆を持って初めて書く文字がひらがなです。ひらがなは丸みがあり流れるような字体をしているため、バランスよくなめらかに書くためには練習が必要です。書く練習には、まず使いやすい道具選びから始めましょう。

⊙使いやすい鉛筆

ひらがな書字の導入には、太めの6B、三角鉛筆から始めるとよいでしょう。

通常の太さの鉛筆では細すぎて、力が入れにくくコントロールも難しくなります。

太めの三角鉛筆を使い、3つの面に親指・人差し指・中指を当てると正しい持ち方になります。この持ち方で、腕・肘を机につけた状態で運筆の練習をします。

慣れてきたら、通常の鉛筆にグリップをつけたものに変えていきます。グリップもさまざまな種類が市販されていますので、材質、右利き用・左利き用など、本人の使いやすいものを見つけてください。

⊙グルグル運筆（ダウンロード資料：プリント①）

使いやすい鉛筆を使って、手首を回転させながら連続した曲線を書く練習です。

ピンク色のところに小指側の手の甲をつけたまま、円（楕円）をグルグルと線で塗りつぶしていきます。手首の回転がスムーズになると「あ・の・め」などの曲線が書きやすくなります。

⊙ひらがなとなえ（ダウンロード資料：プリント②）

空間認知の弱い書字障害タイプは、お手本を真似て書こうとするとうまく書くことができません。そのため、自分で唱えながら書く練習法を取り入れます。

「む」を書く時には「よこ・たて・まる・し・てん」と、唱えながら書いていきます。

苦手な同時処理を、得意な継次処理に置き換えた練習法です。

⊙ひらがななぞり（ダウンロード資料：プリント③）

点線をなぞって書く練習は、筆順が不正確になってしまいます。

このプリントでは、筆順を色分けして、だんだん自分で書く部分が増えていくようになっています。この時も、支援者が書き方を言語化しながら練習するとよいでしょう。

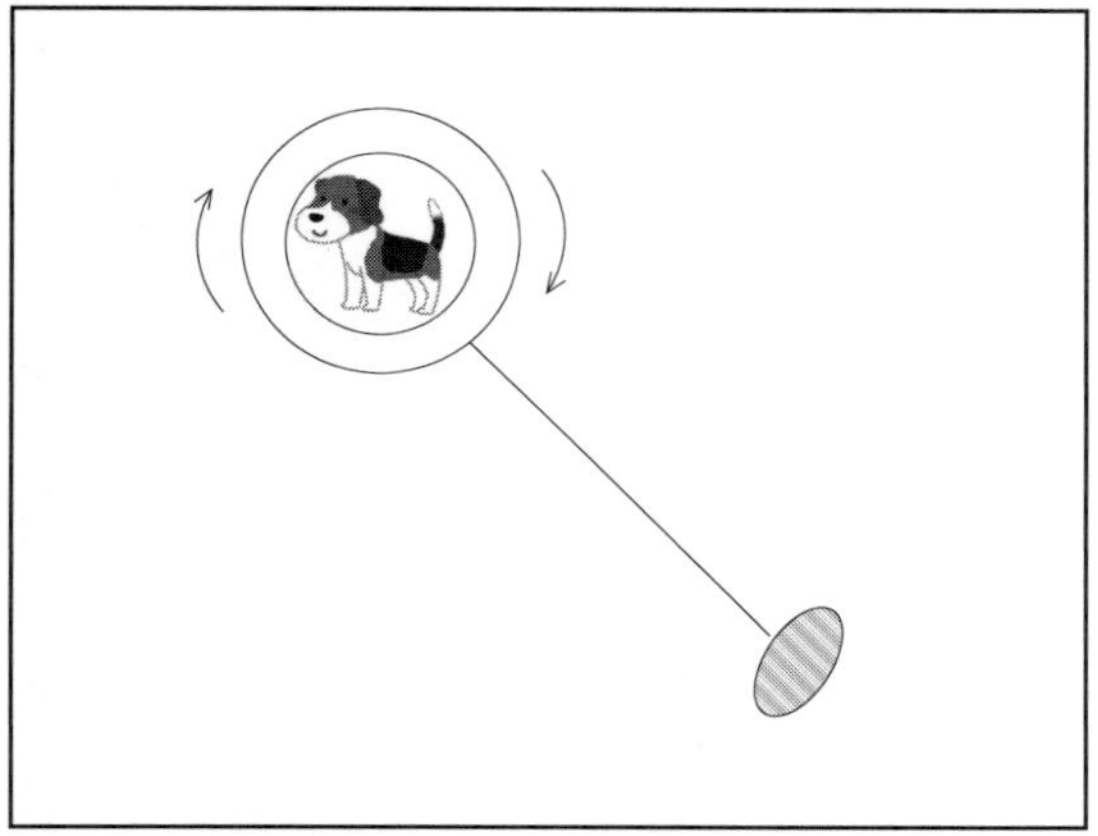

プリント①（右利き用）

プリント①（左利き用）

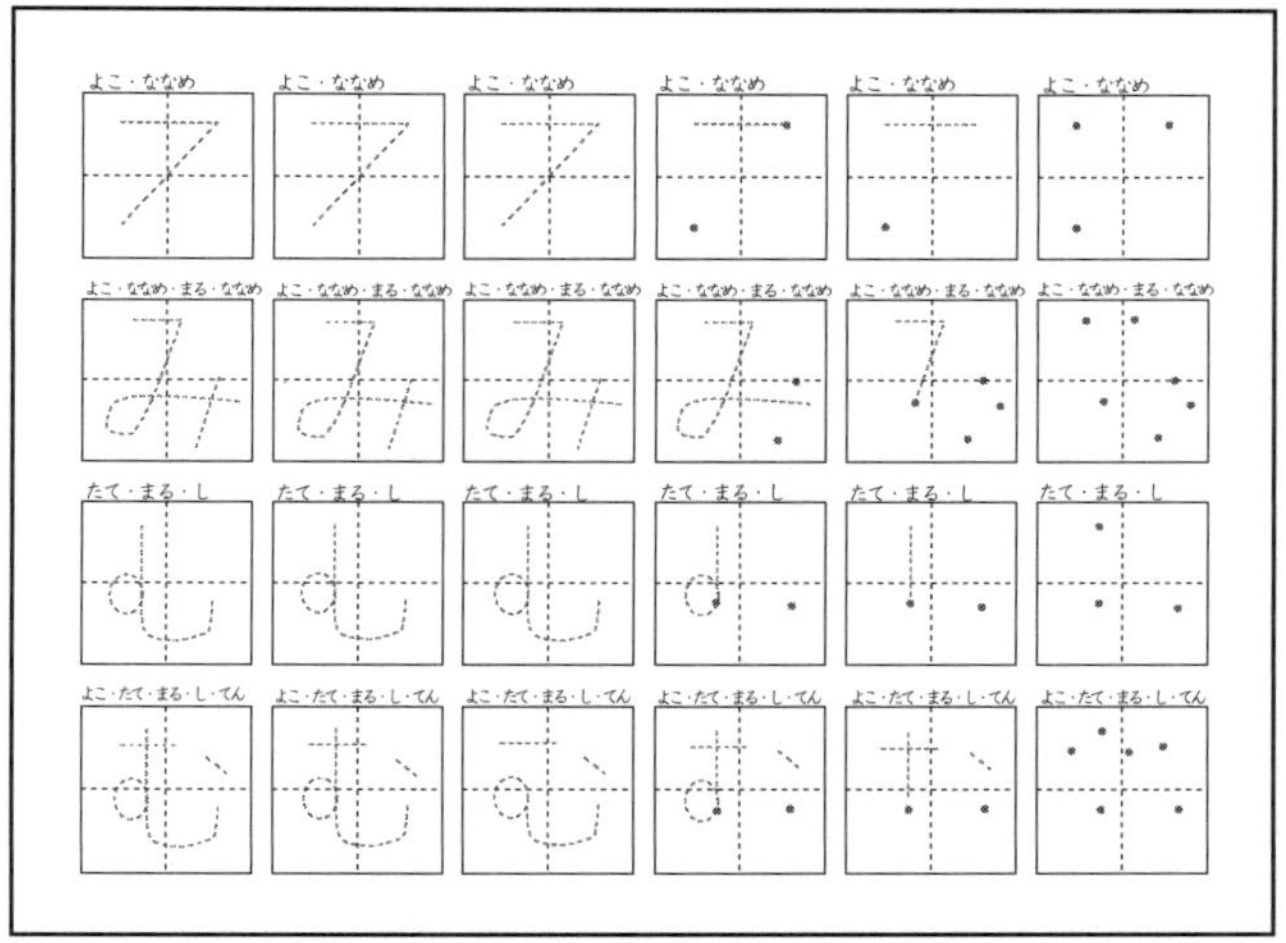

プリント②

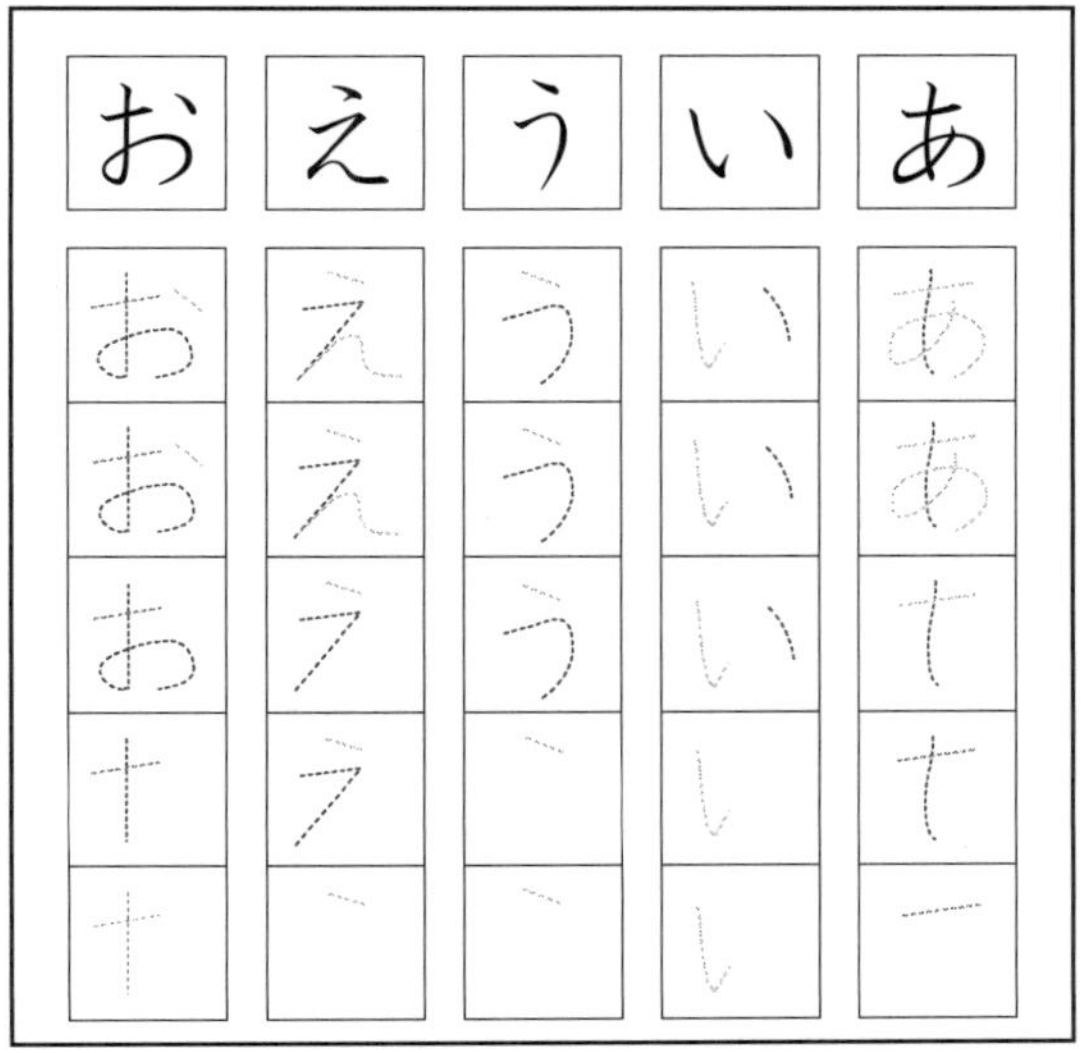

プリント③

■ ひらがなの初期指導

ひらがなの音―文字対応・書字が安定してきたら、ひらがなの初期指導を始めます。ある程度のスピードで文字を読んで意味が分かる、ことばを音に分解して対応する文字が書ける、などを目的としたプリントです。文字を思い出しにくい時には、ひらがな表を横に置いてやってもかまいません。

⊙よみかきプリント（ダウンロード資料：プリント④）

3文字のことばを自分で読んで、対応する絵と線でつなぎます。全部つながったら下の枠に文字を書いていきます。はじめは上の文字を見ながら書いてもかまいません。慣れてきたら上の文字を消しゴムなどで隠して、自分で文字を思い出して書く練習につなげていきます。

完成したら、自分の書いた文字を読む練習も入れます。

⊙マルにじをいれよう（ダウンロード資料：プリント⑤）

動物や果物の名前がひらがなで書いてあって、1文字だけマルになっています。ことばの抜けている音を見つけて、それに対応した文字を書いていく練習です。ことばが何か分からない時には、「きりん→首の長い動物」のようなヒントを出してください。

⊙いろんなことば（ダウンロード資料：プリント⑥）

いろんなことばの絵があいうえお順に並んでいます。何の絵か考えながら文字を書いていきましょう。266のことばがあります。語彙のチェックにも使うことができます。

特殊音節を含んでいることばもあるため、拗音表やヒントを活用しながら書くようにしてください。

⊙「〇」のつくことば（ダウンロード資料：プリント⑦）

最初は、語頭音・語中音・語尾音のことば探しです。語中音・語尾音は難しいので、支援者が例を考えヒントを出せるようにしておいてください。

次は、文を読んで「〇」が語頭音になることばを探して書きます。読みがスムーズでない場合は一緒に読みながら文意が取れるように支援してください。

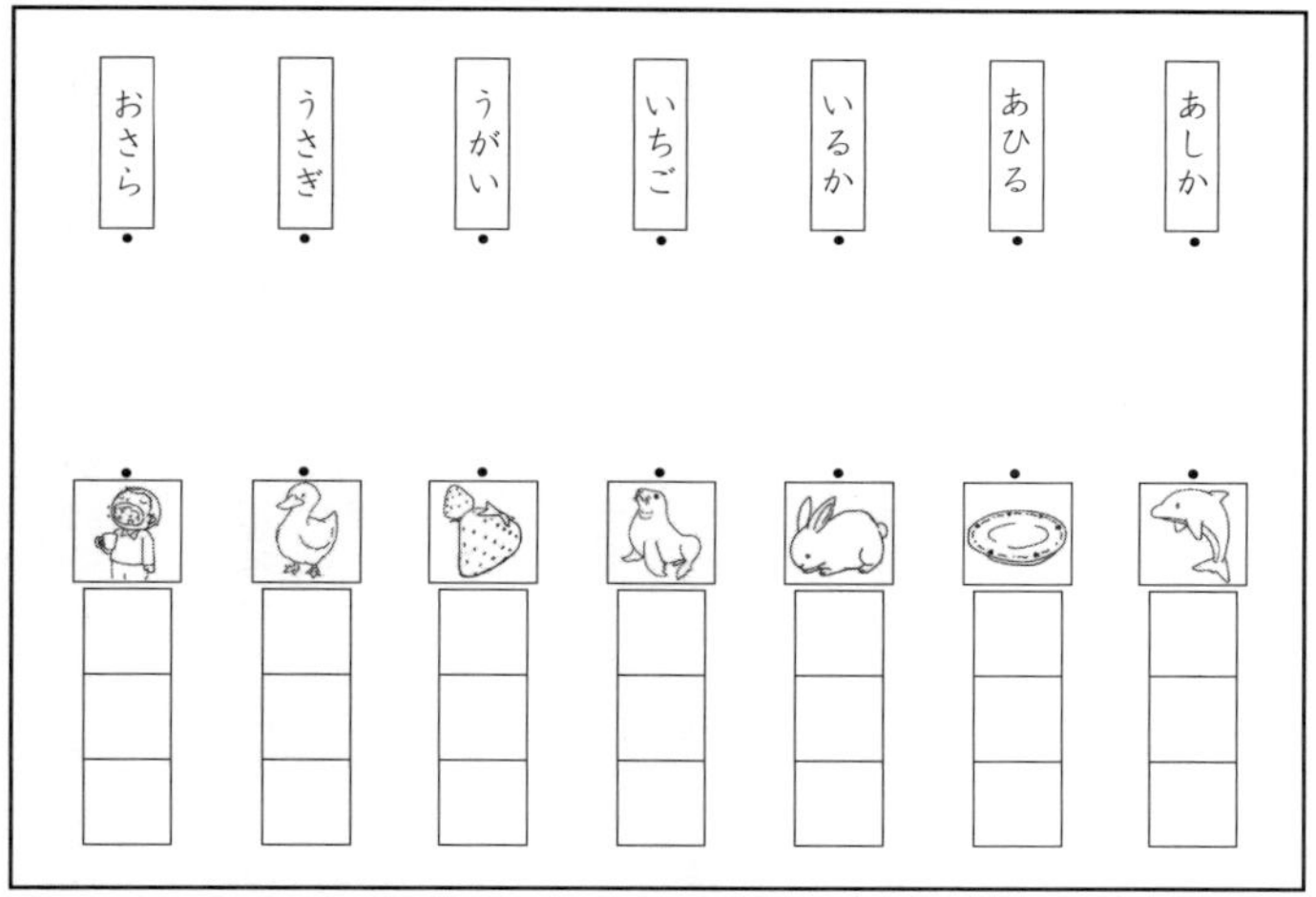

プリント④

・どうぶつのなまえ　○にじをいれよう

き○ん　らい○ん
ぱん○　○す
○さぎ　い○　○こ
らく○　○りら
こ○ら　あら○ぐま
○っこ　と○かい
しま○ま　は○すたー
い○しし　かぴば○
い○か　た○き
く○ら　きつ○

プリント⑤

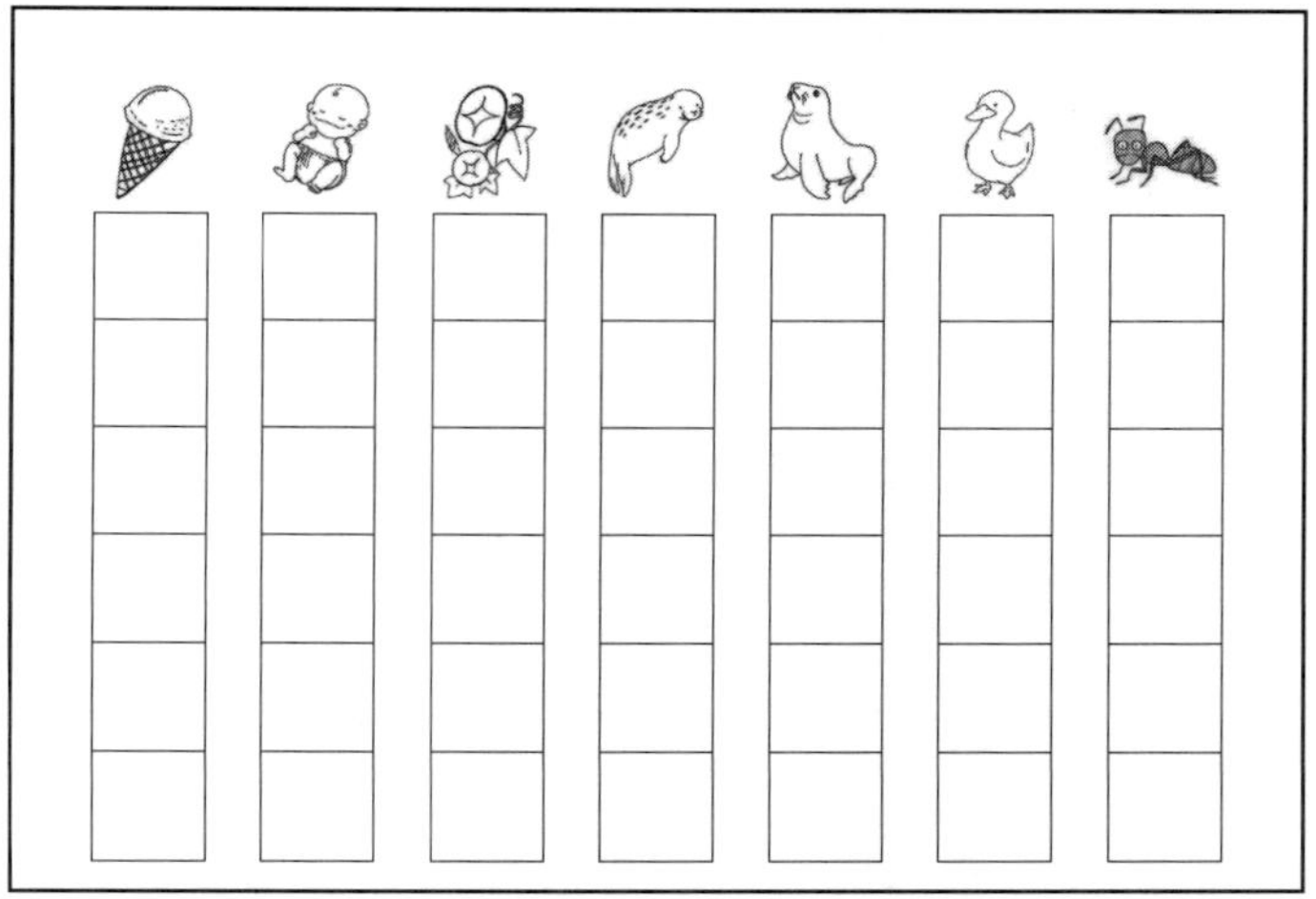

プリント⑥

○ことばさがし

「あ」のつくことば

あ
あ
あ

1　ちいさくて　くろい　むしは？　↓

2　「ガア、ガア」なくとりは□です。

3　みずのうえを　スイスイすすむ　むしは？　↓

4　てをあげて　わたりましょう。□しんごう
あぶないので　とまりましょう。□しんごう

5　かんがえよう
・かさ　・ながぐつ　・かっぱ　↓
・からだのぶぶん　↓　□と□
・「よる」のはんたいは？　↓

プリント⑦

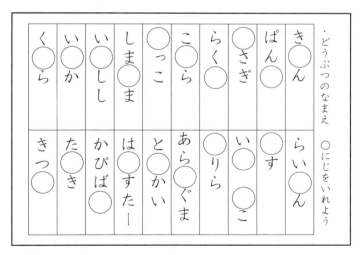

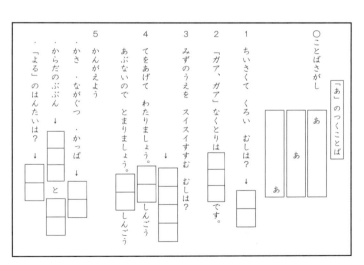

■ 特殊音節の指導

かな文字で一番つまずきが出やすいのが、音と文字の対応関係が崩れる「特殊音節」です。特殊音節には、撥音・拗音・長音・促音と、それらがつながった拗長音・拗促音などがあります。ここでは既刊の「わくわくプリント」（＊1）や「すくすくプリント」（＊2）を補完する教材を紹介します。

〈促音の指導〉

促音は音のない拍だけのモーラです。そのため、書く時に抜けてしまう誤りが多くなります。モーラ分解で促音の拍をしっかり捉える練習をして、書く練習に取り組みます。

⊙つまるおとはどこ2（ダウンロード資料：プリント⑧）

「すくすくプリント」には、促音を含めたモーラ数の○枠が入った「つまるおとはどこ」のプリントがあります。促音が抜けないように○に合わせてことばを書いていくワークです。

「つまるおとはどこ2」では、○枠がないため自分で促音の場所に気をつけながら書いていく必要があります。分かりにくい時には、手拍子で拍を取って確認するとよいでしょう。

⊙つまるおとをよくきいて（ダウンロード資料：プリント⑨）

促音に絞った聴写の練習です。下の提示語の部分を切り取って記入枠を渡します。

「つまる音は1つです。『きって』。」のように含まれる促音の数と提示語を読み上げます。カタカナを覚えている子どもには、カタカナことばはカタカナで書くように指示します。

全部書いた後で切り取った部分を渡して、自分で誤りがないか確認します。

〈拗音の指導〉

拗音は1モーラを2文字で書く特殊な表記です。また音の種類も33あり、音と文字の対応が複雑なため、最初は1つの音に絞って書く練習をしていきます。

⊙ねじれるおとプリント1（ダウンロード資料：プリント⑩）

「きゃ」「きゅ」「きょ」と、1つの拗音に絞ってことばを書いていくプリントです。

「ゃ・ゅ・ょ」「っ」の小さく書く文字の枠は小さくしてあります。

⊙ねじれるおとプリント2（ダウンロード資料：プリント⑪）

「きゃ・きゅ・きょ」の、どの音があるかを確かめながらことばを書いていくプリントです。

＊1　竹田契一監修／村井敏宏・中尾和人著『読み書きが苦手な子どもへの〈基礎〉トレーニングワーク』明治図書
＊2　竹田契一監修／村井敏宏著『読み書きが苦手な子どもへの〈つまずき〉支援ワーク』明治図書

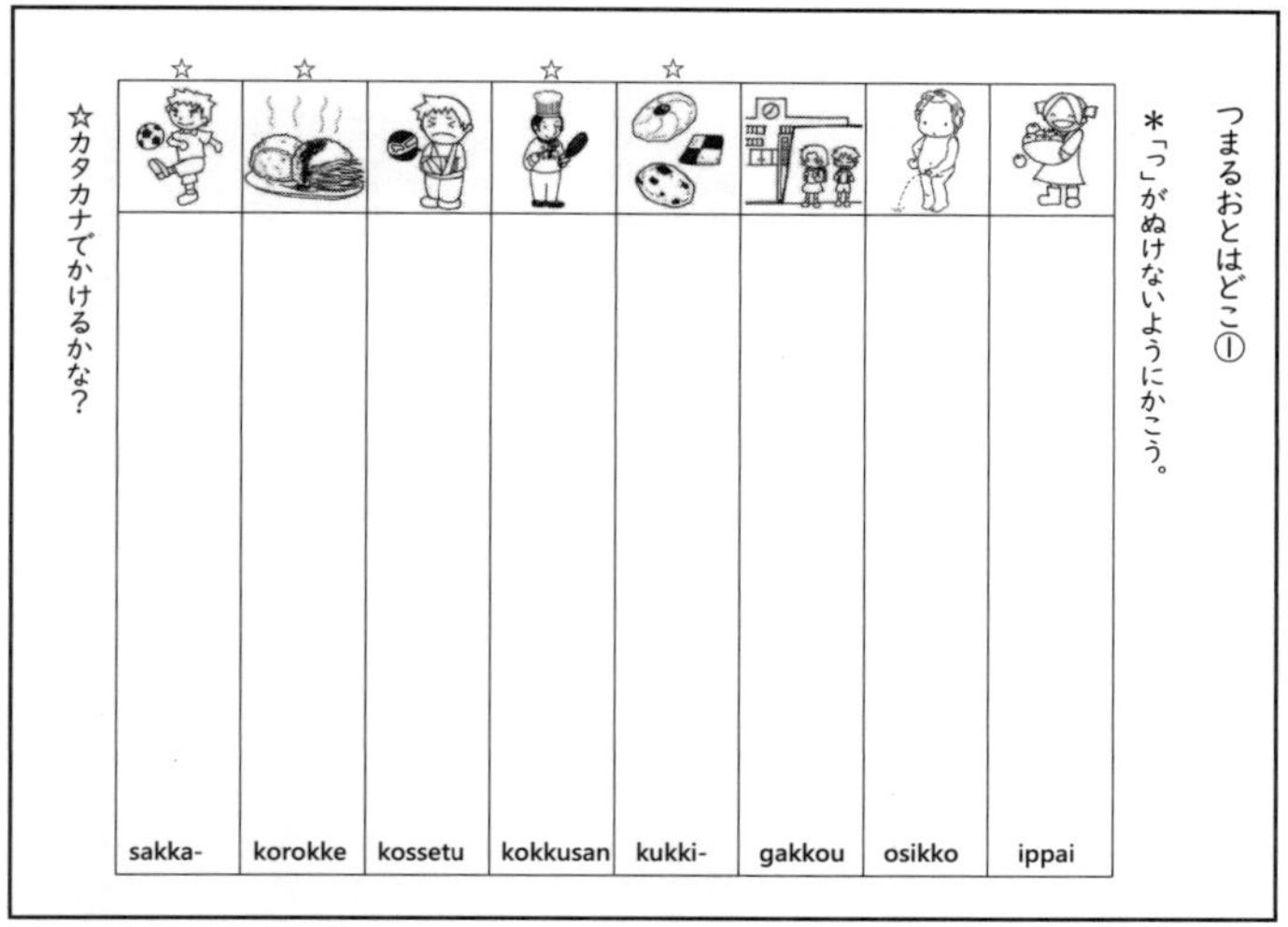

プリント⑧

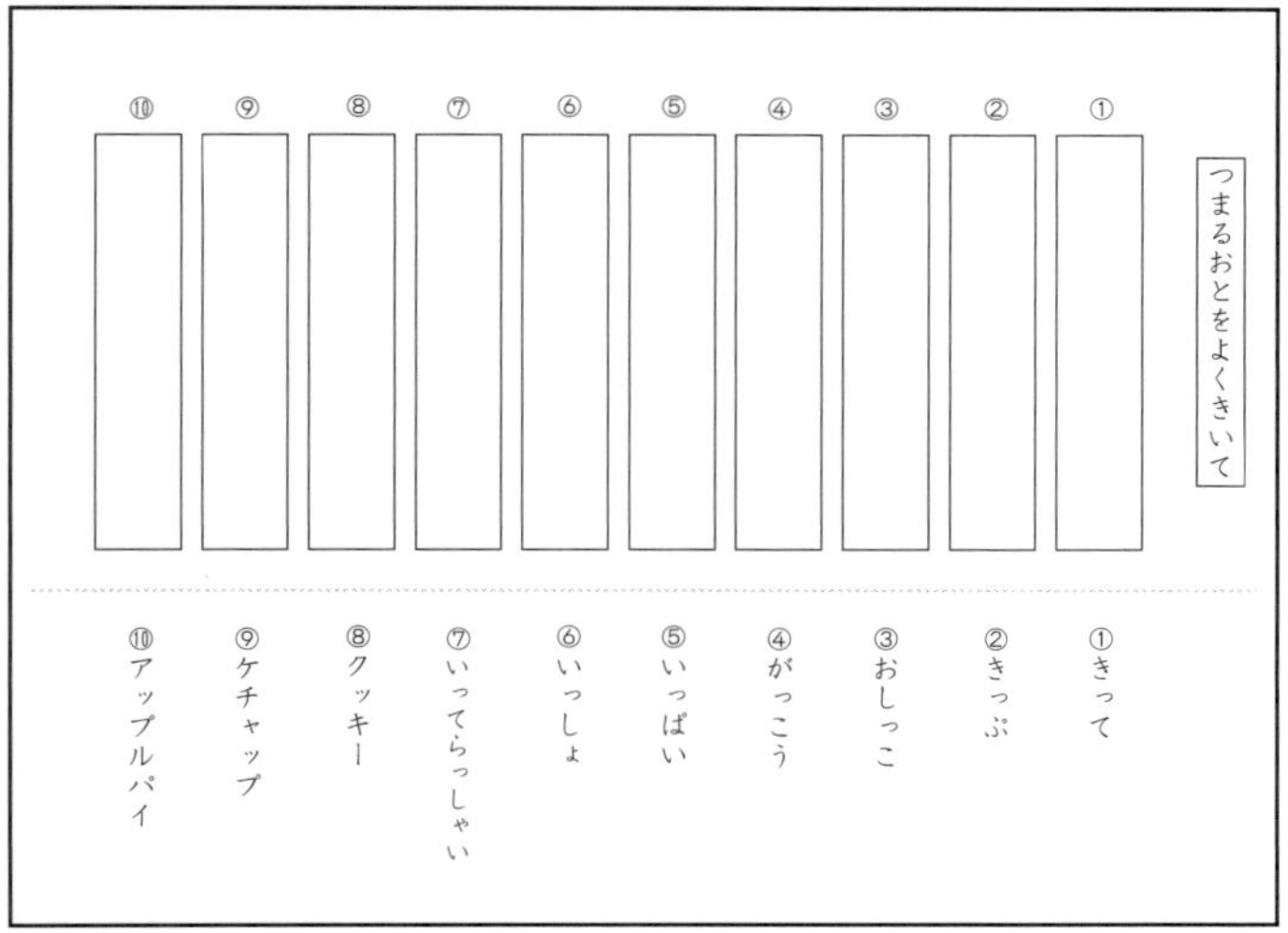

プリント⑨

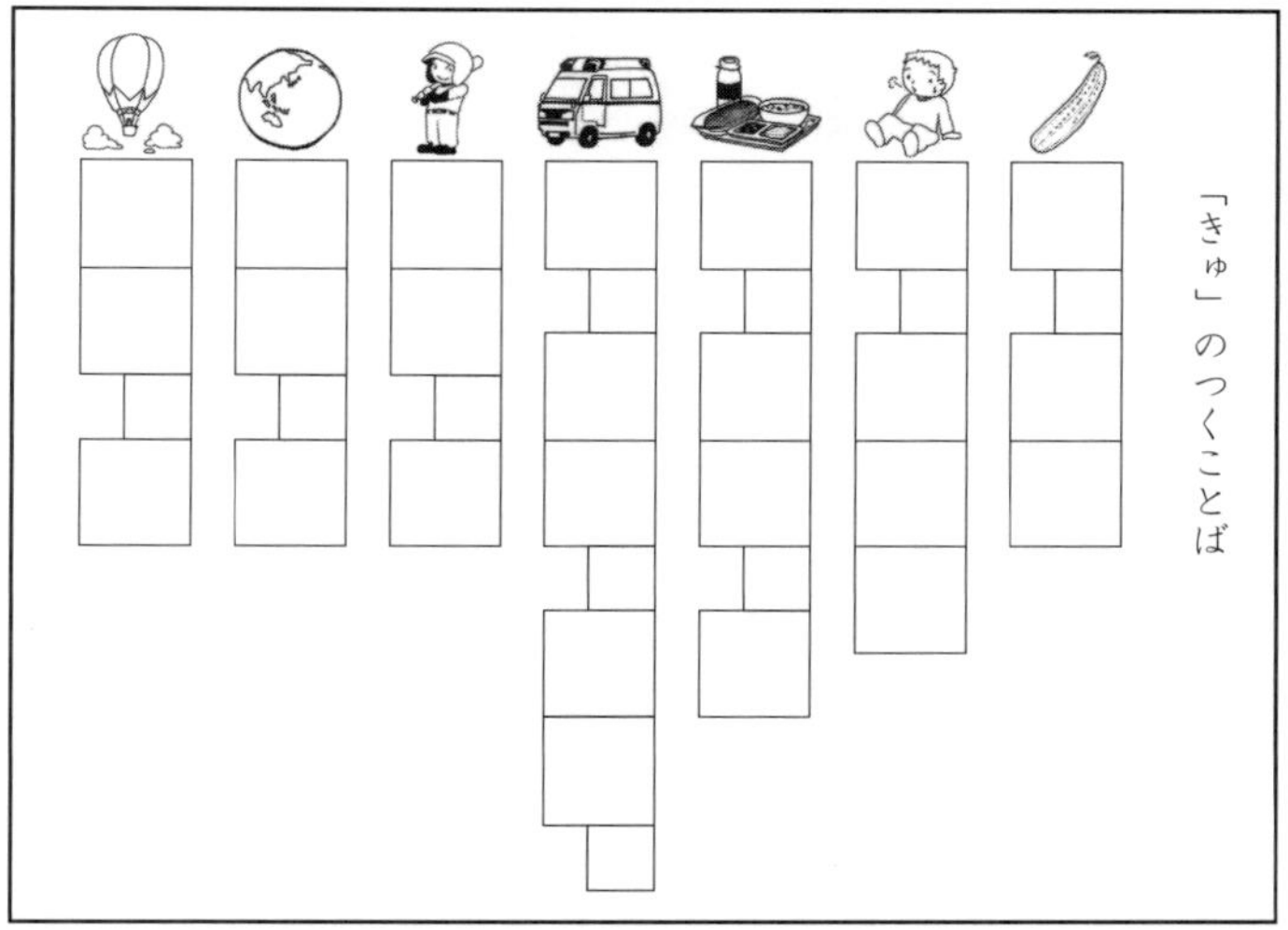

プリント⑩

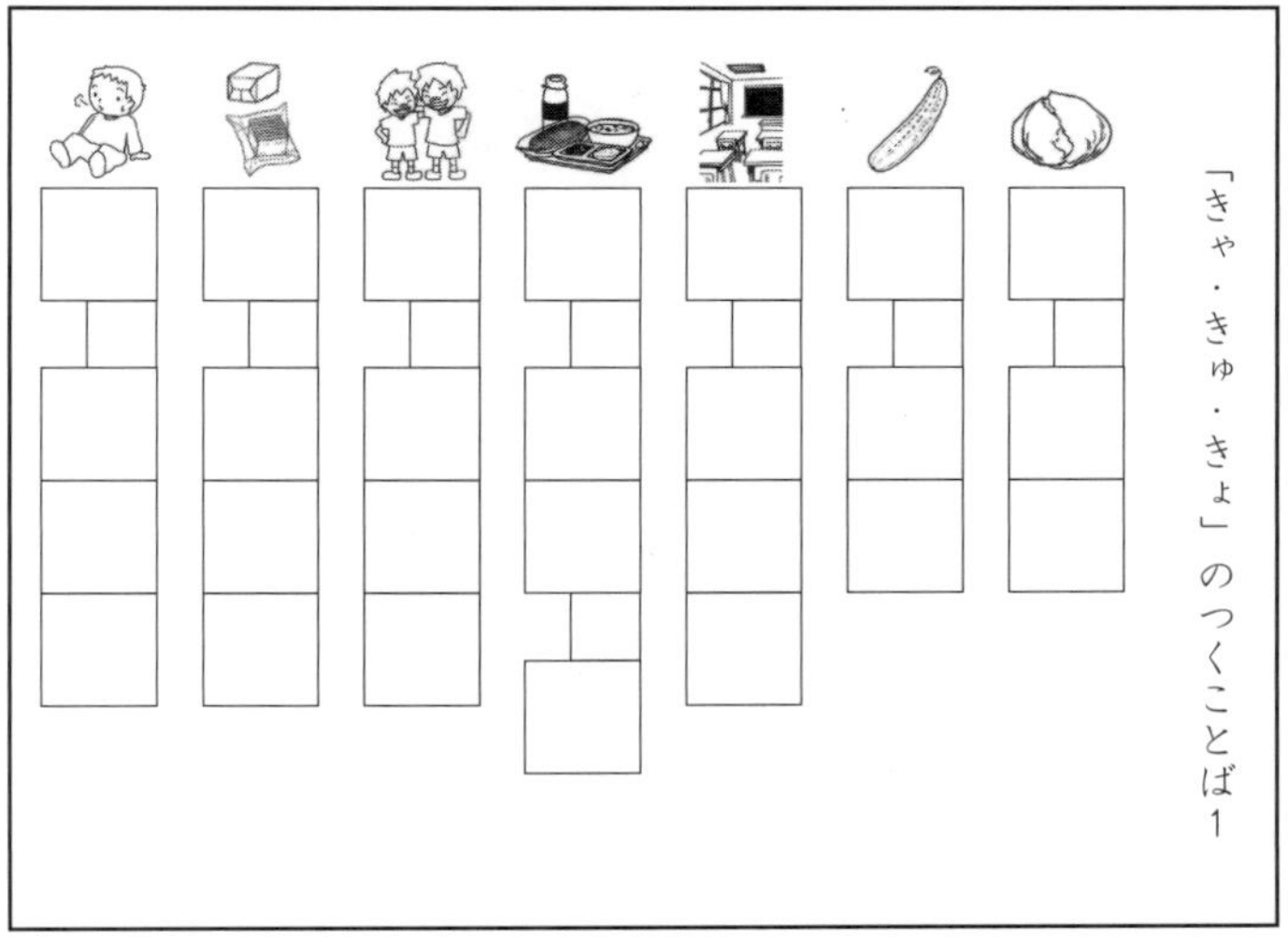

プリント⑪

⊙**ねじれるおとのことば（ダウンロード資料：プリント⑫）**

枠なしで書く練習にステップアップします。

■読みの基礎スキル

スムーズな読みのためには、一文字一文字読んでいくのではなく、ことばのまとまりを素早く見つけて、まとまり読みができるようになる必要があります。

読み書き障害タイプの子どもは読みのスピードが遅いために、文の中からことばのまとまりを見つけることが苦手です。

⊙**ことばさがし（ダウンロード資料：プリント⑬）**

「すくすくプリント」の中にある「ことばのかくれんぼ」を補完するプリントです。

下に書かれている数字の数だけことばを見つけてマルで囲んでいきます。すべてのことばを見つけたら、囲んだことばをスムーズに読んでいく練習につなげます。

「ことばさがし（ヒント）」のプリントは、ことばのはじめの文字が赤色になっているため、読みの苦手な子どもにも見つけやすくなっています（ダウンロード資料：プリント⑭）。

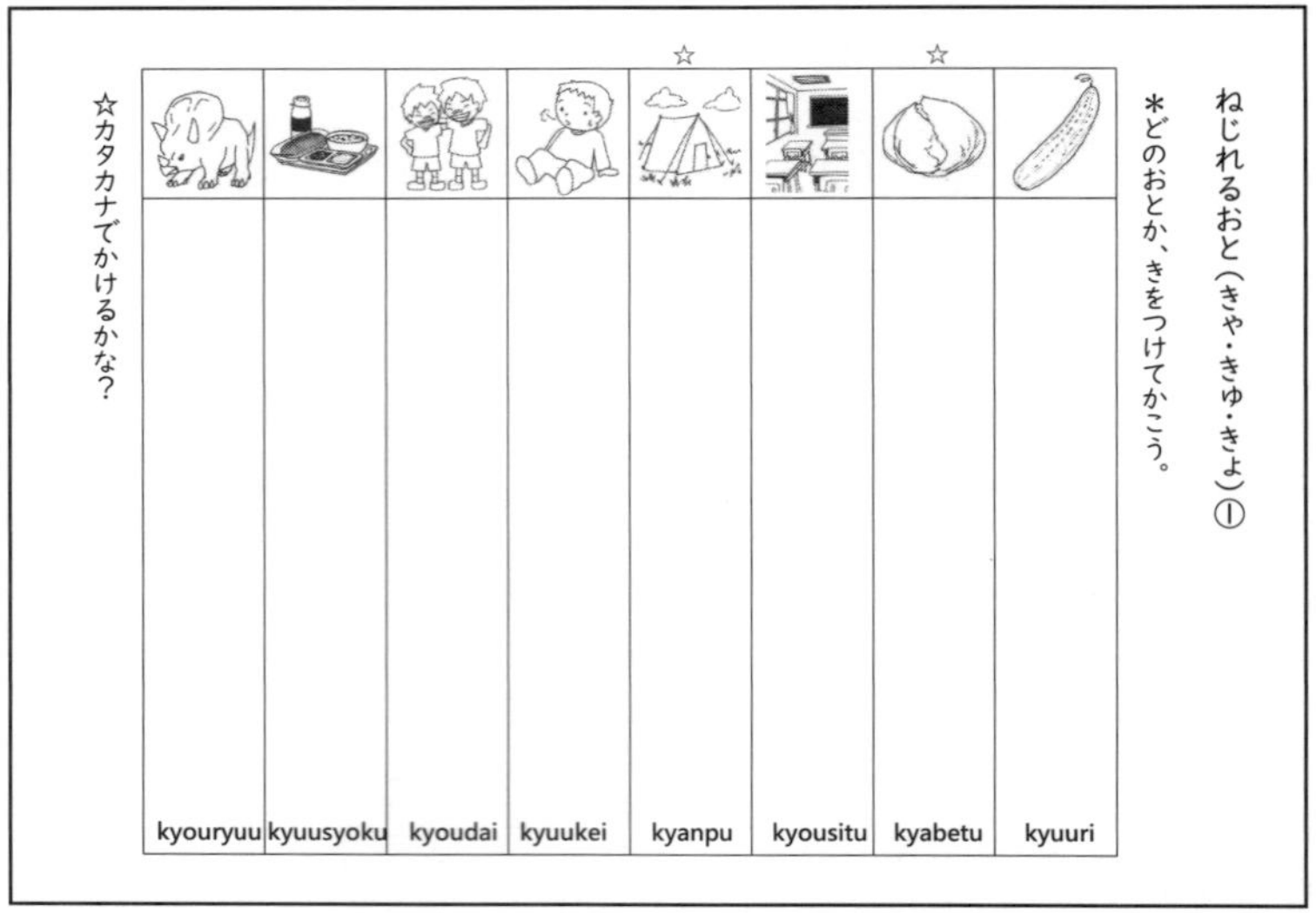

ねじれるおと（きゃ・きゅ・きょ）①
＊どのおとか、きをつけてかこう。
kyuuri
☆
kyabetu
kyousitu
☆
kyanpu
kyuukei
kyoudai
kyuusyoku
kyouryuu
☆カタカナでかけるかな？

プリント⑫

「どうぶつ」をさがそう

いぬしあねこいうしえうまかさるたれ⑤
きりんすしまうませとらそぞうたかば⑤
ちさいつしかてぶたとうさぎなりすに⑤
やぎぬねずみねきつねのくじらはなく④
ひつじひぱんだふらいおんへいのしし④
ほこうもりやましろくまみぺんぎんむ③
らっこめはむすたあも②

プリント⑬（ヒントあり：プリント⑭）

第4章

漢字のつまずきをチェック

「漢字誤り分析」

1 「漢字誤り分析」低学年（1～3年）

■テスト用紙・分析表

低学年用のテスト用紙は、1・2年生で習う漢字で作成しています。

巻末記載のダウンロードサイトからテスト用紙・分析表をダウンロード・印刷して準備ください。

◎テスト用紙（30問：単漢字24問、熟語6問）

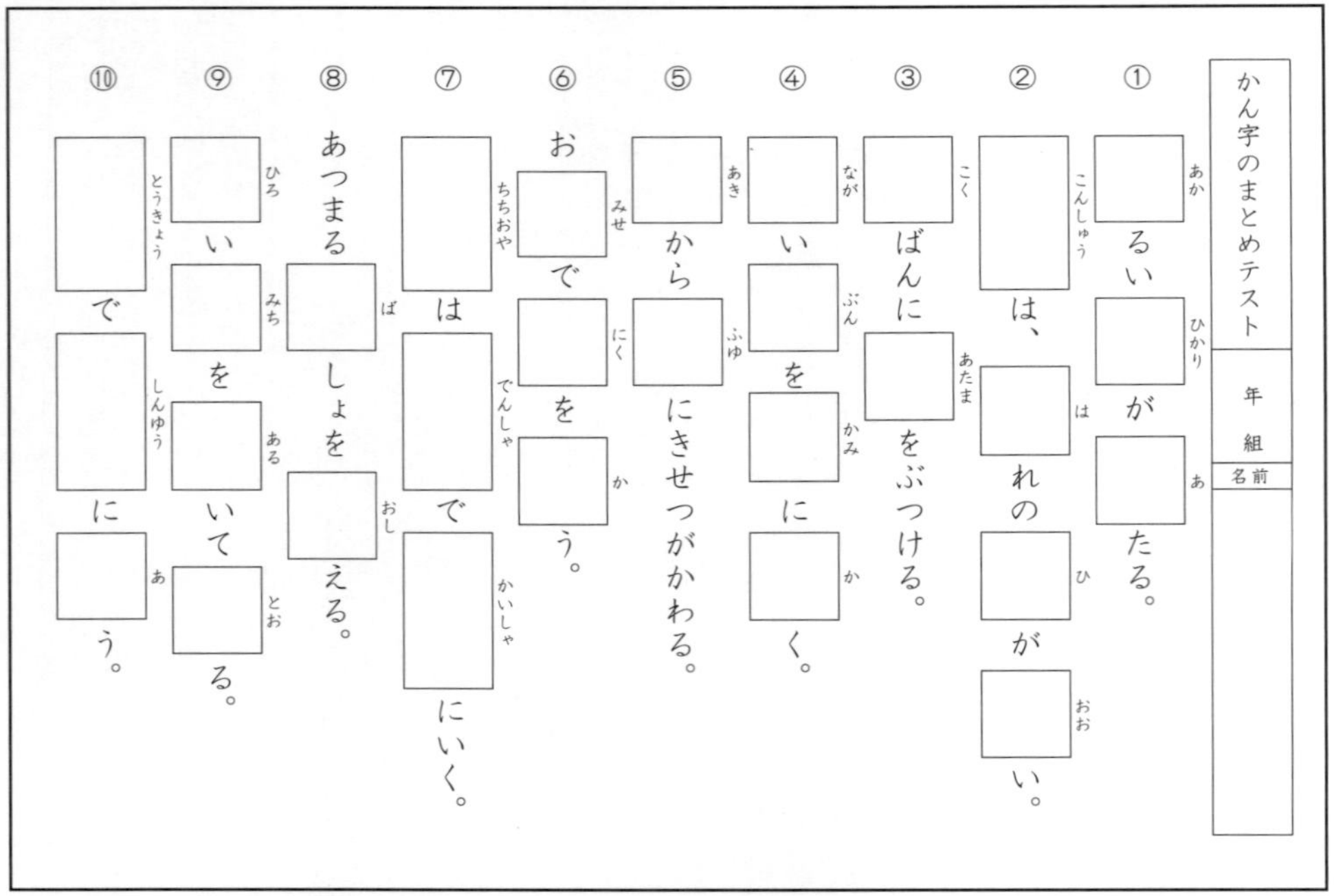

かん字のまとめテスト

年　組

名前

① □《あか》るい□《ひかり》が□《あ》たる。

② □《こんしゅう》は、□《は》れの□《ひ》が□《おお》い。

③ □《こく》ばんに□《あたま》をぶつける。

④ □《なが》い□《ぶん》を□《かみ》に□《か》く。

⑤ □《あき》から□《ふゆ》にきせつがかわる。

⑥ お□《みせ》で□《にく》を□《か》う。

⑦ □《ちちおや》は□《でんしゃ》で□《かいしゃ》にいく。

⑧ あつまる□《ば》しょを□《おし》える。

⑨ □《ひろ》い□《みち》を□《ある》いて□《とお》る。

⑩ □《とうきょう》で□《しんゆう》に□《あ》う。

⊙分析表

（　年　組　番）（氏名：　　　　　　）

漢字の誤り分析表			第１段階							第２段階		
			想起○		無答	誤想起				誤漢字		
No.	漢字	誤答	正答	形×		④関無	⑤同音	⑥意似	⑦形似	形①	形②	形③
1	明るい											
2	光											
3	当たる											
4	今週											
5	晴れ											
6	日											
7	多い											
8	黒ばん											
9	頭											
10	長い											
11	文											
12	紙											
13	書く											
14	秋											
15	冬											
16	お店											
17	肉											
18	買う											
19	父親											
20	電車											
21	会社											
22	場しょ											
23	教える											
24	広い											
25	道											
26	歩いて											
27	通る											
28	東京											
29	親友											
30	会う											
	合計											

〈第２段階〉形①部分的な形の誤り　形②部首のまとまりの誤り　形③部首の配置の誤り

□枠からのはみ出し（　　／　　）　　△形の歪み（　　／　　）

〈問題文〉

① **明**るい**光**が**当**たる。

② **今週**は、**晴**れの**日**が**多**い。

③ **黒**ばんに**頭**をぶつける。

④ **長**い**文**を**紙**に**書**く。

⑤ **秋**から**冬**にきせつがかわる。

⑥ お**店**で**肉**を**買**う。

⑦ **父親**は**電車**で**会社**にいく。

⑧ あつまる**場**しょを**教**える。

⑨ **広**い**道**を**歩**いて**通**る。

⑩ **東京**で**親友**に**会**う。

■ 実施法・分析法

⊙実施法

・対象：２年生の漢字を習い終えた、２年生３学期以降。
３年生１学期の基準点を設けているが、３年生以上の学年でも実施可。

・方法：集団実施・個別実施。特に制限時間は設けていない。
思い出せない漢字は空白で、熟語は片方の漢字が思い出せるなら書くように指示する。

⊙分析法

・字形は後でチェックするため、字形が崩れていても画線がそろっていれば正答とする。

・正答・無答以外は、誤答欄に誤った漢字を真似て書き入れる。

・第１段階は次のいずれかにチェックを入れる。

①正答
②形×（正答の漢字を書いたつもりだが、部分的な形の誤りがあるもの）→誤漢字
③無答（空白もしくは、判別できない部分的な形が書かれているもの）
＊誤想起（存在する違う漢字を書いた誤り。以下④〜⑦）
④関連無し（読み・意味・形とも関連が無い漢字）
⑤同音異字（読みが同じ漢字）→例：「**明**るい→**赤**るい」「**黒**ばん→**国**ばん」
⑥意味的類似字（意味が似ている漢字）→例：「**冬**→**雪**」「**肉**→**牛**」
（※「**東京**→**京東**」のように熟語の前後が入れ替わっているものも意味的類似字とする）
⑦形態的類似字（形が似ている漢字）→例：「**教**える→**数**える」「**東**京→**車**京」
（※「**親**友→**新**友」のように複数の誤想起が考えられる場合ダブルチェックも可）

・第１段階で「形×」にチェックをした場合のみ、第２段階のチェックをする。

形①（部分的な形の誤り）
形②（部首のまとまりの誤り）
形③（部首の配置の誤り）

・熟語の誤りのチェックの注意点

注意点①熟語の片方のみ書かれている場合→無答のみチェック
注意点②片方が書かれていて誤想起・誤漢字の場合→無答と誤想起・誤漢字のチェック

・すべてのチェックが終わったら、合計欄にチェックの個数を記入する。

・**正答の漢字のみ**、字形のチェックをして個数を記入する。

□枠からのはみ出し（漢字の画線が枠線からはみ出しているもの）
△形の歪み（線の傾き・長短、部首の位置関係の歪み、部首の大きさ・バランスなど）

・分析例

（　年　組　番）（氏名：　　　　　　）

漢字の誤り分析表			第1段階							第2段階		
			想起○		無答	誤想起				誤漢字		
No.	漢字	誤答	正答	形×		④関無	⑤同音	⑥意似	⑦形似	形①	形②	形③
1	明るい	赤るい					✔					
2	光		✔									
3	当たる		✔									
4	今週	今○			✔							
5	晴れ	晴れ		✔							✔	
6	日		✔									
7	多い	夕夕い		✔								✔
8	黒ばん	国ばん					✔					
9	頭				✔							
10	長い		✔									
11	文	分					✔					
12	紙				✔							
13	書く	書く		✔						✔		
14	秋	烁		✔								✔
15	冬	雪						✔				
16	お店		✔									
17	肉	牛						✔				
18	買う		✔									
19	父親				✔							
20	電車	○社			✔		✔					
21	会社		✔									
22	場しょ	場しょ		✔						✔		
23	教える	数える							✔			
24	広い		✔									
25	道	海				✔						
26	歩いて	歩いて		✔							✔	
27	通る		✔									
28	東京	京東						✔				
29	親友	新○			✔		✔		✔			
30	会う	合う					✔		✔			
合計			9	6	6	1	6	3	3	2	2	2

〈第２段階〉形①部分的な形の誤り　形②部首のまとまりの誤り　形③部首の配置の誤り

□枠からのはみ出し（ 1 ／ 9 ）　　△形の歪み（ 2 ／ 9 ）

3年生1学期の基準値（30問中）

- 平均正答数24.2個、標準偏差5.4
- 要注意群：18〜14点
- 困難群：13点以下

誤想起・誤漢字の分類

誤想起（存在する漢字に書き誤る）		
関連無し	関連が見つけられない	
同音異字	読みが同じ漢字	明るい→赤るい、黒ばん→国ばん
意味的類似字	意味が似ている漢字	冬→雪、肉→牛、東京→京東
形態的類似字	形が似ている漢字	教える→数える、東京→車京
誤漢字（部分的に形が違う漢字に書き誤る）		
形①	部分的な形の誤り	
形②	部首のまとまりの誤り	
形③	部首の配置の誤り	

誤漢字のパターン

2 「漢字誤り分析」高学年（4～6年）

■テスト用紙・分析表

高学年用のテスト用紙は、4年生で習う漢字を中心に作成しています。

巻末記載のダウンロードサイトからテスト用紙・分析表をダウンロード・印刷して準備ください。

⊙テスト用紙（26問、45文字）

漢字のまとめテスト　年　組　名前

① □《じっけん》している□《ようす》を□《かんさつ》する。

② □《さんか》するために□《せんしゅ》が□《どりょく》する。

③ □《ひこうき》を見て□《まご》が喜《よろこ》ぶ。

④ □《きせつ》の□《か》わり目に□《けんこう》に□《ちゅうい》する。

⑤ 歴史《れきし》の資料《しりょう》を□《いんさつ》する。

⑥ □《なんきょく》に□《きぼう》の□《はた》を立てる。

⑦ □《さいしょ》に□《かなら》ず□《ぎだい》を書く。

⑧ □《せんそう》で□《や》けて□《しぜん》を□《うしな》う。

⑨ 胃腸《いちょう》の□《ちょうし》が□《わる》く□《ねつ》もある。

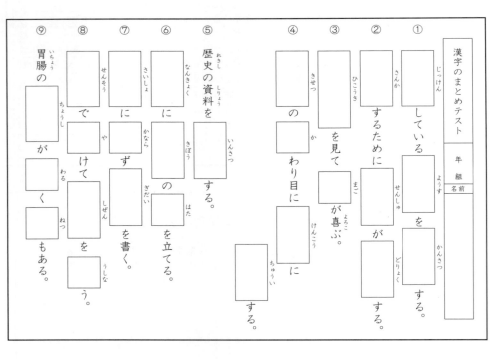

⊙分析表

（　　年　　組　　番）（氏名：　　　　　　　　）

漢字の誤り分析表			第1段階							第2段階		
			想起○		無答	誤想起				誤漢字		
No.	漢字	誤答	正答	形×		④関無	⑤同音	⑥意似	⑦形似	形①	形②	形③
1	実験											
2	様子											
3	観察											
4	参加											
5	選手											
6	努力											
7	飛行機											
8	孫											
9	季節											
10	変わる											
11	健康											
12	注意											
13	印刷											
14	南極											
15	希望											
16	旗											
17	最初											
18	必ず											
19	議題											
20	戦争											
21	焼ける											
22	自然											
23	失う											
24	調子											
25	悪い											
26	熱											
	合計											

〈第２段階〉形①部分的な形の誤り　形②部首のまとまりの誤り　形③部首の配置の誤り

□枠からのはみ出し（　／　）　△形の歪み（　／　）

〈問題文〉

① **実験**している**様子**を**観察**する。

② **参加**するために**選手**が**努力**する。

③ **飛行機**を見て**孫**が喜ぶ。

④ **季節**の**変**わり目に**健康**に**注意**する。

⑤ 歴史の資料を**印刷**する。

⑥ **南極**に**希望**の**旗**を立てる。

⑦ **最初**に**必**ず**議題**を書く。

⑧ **戦争**で**焼**けて**自然**を**失**う。

⑨ 胃腸の**調子**が**悪**く**熱**もある。

■実施法・分析法

⊙実施法

・対象：4年生の漢字を習い終えた、4年生3学期以降。
　5年生1学期の基準点を設けているが、5年生以上の学年でも実施可。
・方法：集団実施・個別実施。特に制限時間は設けていない。
　思い出せない漢字は空白で、熟語は片方の漢字が思い出せるなら書くように指示する。

⊙分析法

・高学年用はほとんどが熟語であるため、**単漢字45文字で分析**を行う。
・字形は後でチェックするため、字形が崩れていても画線がそろっていれば正答とする。
・正答・無答以外は、誤答欄に誤った漢字を真似て書き入れる。
・第1段階は次のいずれかにチェックを入れる。
①正答
②形×（正答の漢字を書いたつもりだが、部分的な形の誤りがあるもの）→誤漢字
③無答（空白もしくは、判別できない部分的な形が書かれているもの）
＊誤想起（存在する違う漢字を書いた誤り。以下④〜⑦）
④関連無し（読み・意味・形とも関連が無い漢字）
⑤同音異字（読みが同じ漢字）→例：「**注**意→**中**意」「印**刷**→印**札**」
⑥意味的類似字（意味が似ている漢字）→例：「選**手**→選**者**」「**焼**ける→**熱**ける」
（※「**最初**→**初最**」のように熟語の前後が入れ替わっているものも意味的類似字とする）
⑦形態的類似字（形が似ている漢字）→例：「**孫**→**係**」「**季**節→**委**節」
（※「**注**意→**柱**意」のように複数の誤想起が考えられる場合ダブルチェックも可）
・第1段階で「形×」にチェックをした場合のみ、第2段階のチェックをする。
形①（部分的な形の誤り）
形②（部首のまとまりの誤り）
形③（部首の配置の誤り）
・すべてのチェックが終わったら、合計欄にチェックの個数を記入する。
・**正答の漢字のみ**、字形のチェックをして個数を記入する。
□枠からのはみ出し（漢字の画線が枠線からはみ出しているもの）
△形の歪み（線の傾き・長短、部首の位置関係の歪み、部首の大きさ・バランスなど）

・分析例

（　年　組　番）（氏名：　　　　　　）

漢字の誤り分析表

No.	漢字	誤答	想起○ 正答	想起○ 形×	無答	誤想起 ④関無	誤想起 ⑤同音	誤想起 ⑥意似	誤想起 ⑦形似	誤漢字 形①	誤漢字 形②	誤漢字 形③
			第1段階							第2段階		
1	実験	験	✔	✔							✔	
2	様子	様	✔	✔						✔		
3	観察		✔✔									
4	参加	参	✔	✔						✔		
5	選手	者	✔					✔				
6	努力		✔✔									
7	飛行機		✔✔✔									
8	孫	係							✔			
9	季節	委	✔						✔			
10	変わる				✔							
11	健康	建庫		✔✔							✔✔	
12	注意	中	✔				✔					
13	印刷	札	✔				✔					
14	南極				✔✔							
15	希望		✔✔									
16	旗	旗		✔								✔
17	最初				✔✔							
18	必ず	必ず		✔						✔		
19	議題		✔		✔							
20	戦争	戦争		✔✔						✔✔		
21	焼ける	熱ける						✔				
22	自然	然	✔	✔						✔		
23	失う		✔									
24	調子		✔✔									
25	悪い	悪い		✔							✔	
26	熱	熱		✔							✔	
	合計		21	12	6		2	2	2	6	5	1

〈第２段階〉形①部分的な形の誤り　形②部首のまとまりの誤り　形③部首の配置の誤り

□枠からのはみ出し（ 3／21 ）　　△形の歪み（ 5／21 ）

5年生1学期の基準値（45文字中）

- 平均正答数28.9個、標準偏差12.15
- A群：漢字を習得できる（28点以上）
- B群：漢字の習得が苦手（27点～11点）
- C群：漢字の習得が困難（10点以下）

誤想起・誤漢字の分類

誤想起（存在する漢字に書き誤る）		
関連無し	関連が見つけられない	
同音異字	読みが同じ漢字	注意→中意、印刷→印札
意味的類似字	意味が似ている漢字	選手→選者、焼ける→熱ける
形態的類似字	形が似ている漢字	孫→係、季節→委節
誤漢字（部分的に形が違う漢字に書き誤る）		
形①	部分的な形の誤り	
形②	部首のまとまりの誤り	
形③	部首の配置の誤り	

誤漢字のパターン

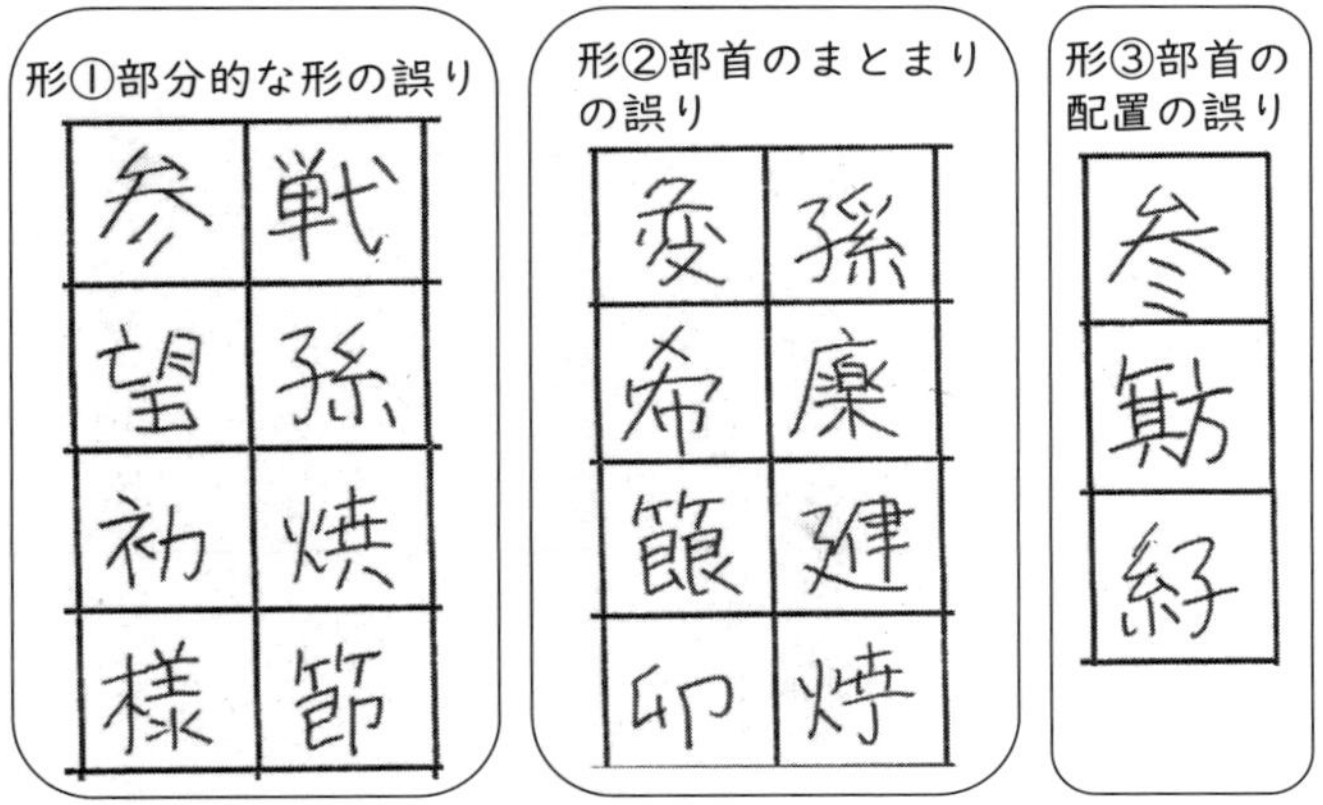

3 「漢字誤り分析」によるタイプ別・事例分析

■読み書き障害（ディスレクシア）タイプ

⊙Gさん（3年生）の漢字誤り分析

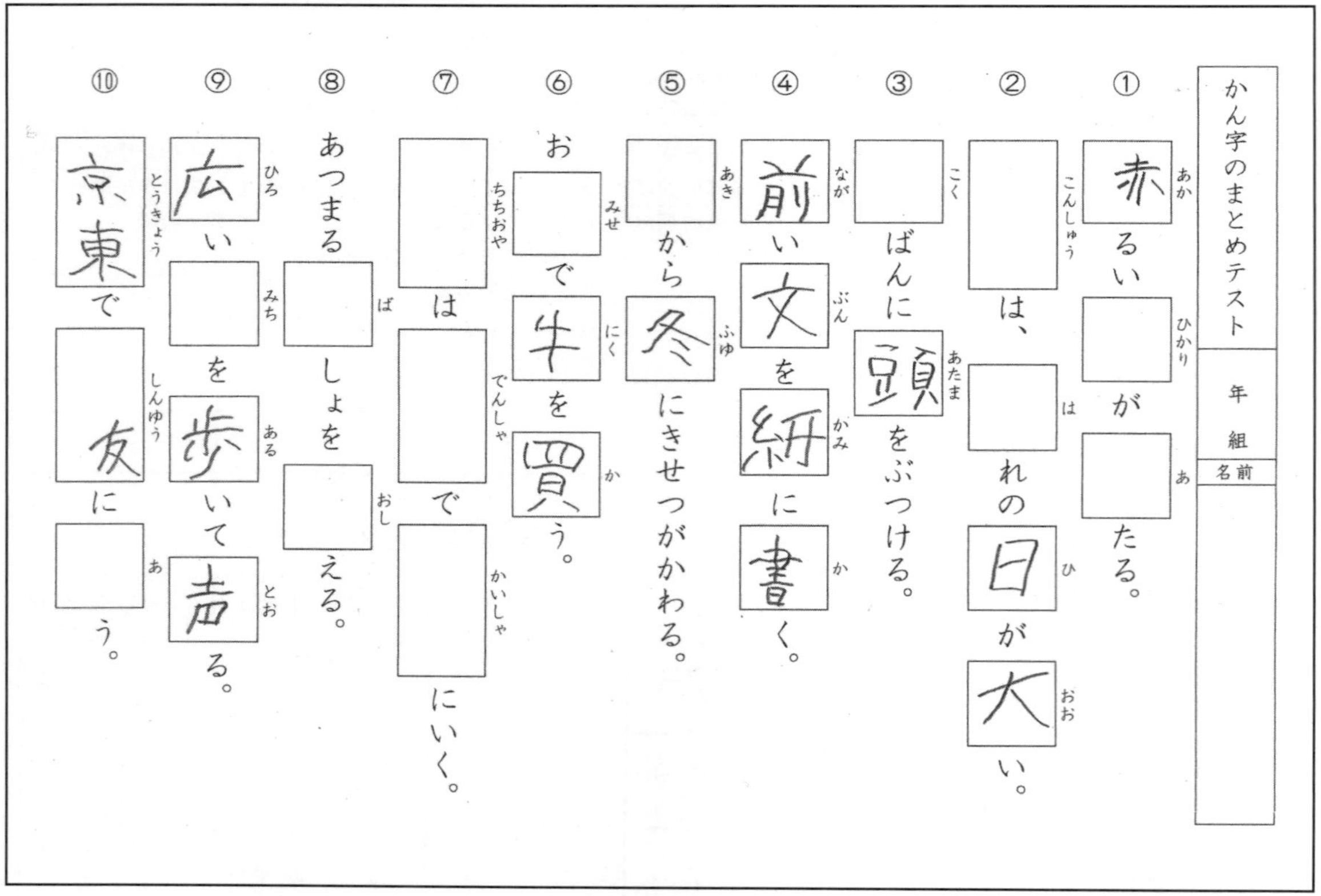
かん字のまとめテスト　年　組　名前

① 赤《あか》るい□《ひかり》が□《あ》たる。
② □《こんしゅう》は、□《は》れの日《ひ》が大《おお》い。
③ □《こく》ばんに頭《あたま》をぶつける。
④ 前《なが》い文《ぶん》を紙《かみ》に書《か》く。
⑤ □《あき》から冬《ふゆ》にきせつがかわる。
⑥ お□《みせ》で牛《にく》を買《か》う。
⑦ □《ちちおや》は□《でんしゃ》で□《かいしゃ》にいく。
⑧ あつまる□《ば》しょを□《おし》える。
⑨ 広《ひろ》い□《みち》を歩《ある》いて声《とお》る。
⑩ 京東《とうきょう》で友《しんゆう》に□《あ》う。

⊙Gさんの分析結果

Gさんの分析結果

第1段階							第2段階		
想起〇		無答	誤想起				誤漢字		
正答	形×		④関無	⑤同音	⑥意似	⑦形似	形①	形②	形③
7	2	15	2	2	2			2	

□:枠からのはみ出し	△:形の歪み
0 ／正答（ 7 ）	1 ／正答（ 7 ）

- 得点評価:3年生の平均（24.2/30問、標準偏差5.4）
  - 困難群［13点以下］
- 無答が多い:15／30
- 誤想起の誤りがみられる:6／30
- 意味的類似字の誤りがみられる:2／30
- 誤漢字の誤りがみられる:2／30
- 字形には大きな歪みはみられない

〈読み書き障害タイプの特徴〉

読み書き障害タイプの子どもは漢字の読みを覚えていくことが苦手です。そのために漢字テストでは、「読みから漢字を思い出す」ことが非常に困難なため「無答」が多くなり、得点も低くなってしまいます。

また、意味的に近く、読みが対応していない「意味的類似字」の誤りも起こりやすくなります。

繰り返し書く練習では形を優先して覚えるために、誤漢字の誤りや関連の無い漢字を書いてしまうこともあります。

（　年　組　番）（氏名:　　　　　）

漢字の誤り分析表			第1段階							第2段階		
			想起〇		無答	誤想起				誤漢字		
No.	漢字	誤答	正答	形×		④関無	⑤同音	⑥意似	⑦形似	形①	形②	形③
1	明るい	赤るい					✔					
2	光				✔							
3	当たる				✔							
4	今週				✔							
5	晴れ				✔							
6	日		✔									
7	多い	大い					✔					
8	黒ばん				✔							
9	頭		✔									
10	長い	前い				✔						
11	文		✔									
12	紙	紒		✔							✔	
13	書く		✔									
14	秋				✔							
15	冬		✔									
16	お店				✔							
17	肉	牛						✔				
18	買う	買う		✔							✔	
19	父親				✔							
20	電車				✔							
21	会社				✔							
22	場しょ				✔							
23	教える				✔							
24	広い	△	✔									
25	道				✔							
26	歩いて		✔									
27	通る	声る				✔						
28	東京	京東						✔				
29	親友	○友			✔							
30	会う				✔							
	合計		7	2	15	2	2	2			2	

〈第2段階〉形①部分的な形の誤り　形②部首のまとまりの誤り　形③部首の配置の誤り

□枠からのはみ出し（ 0 ／ 7 ）　△形の歪み（ 1 ／ 7 ）

■読み書き障害（ディスレクシア）タイプ

◎Hさん（5年生）の漢字誤り分析

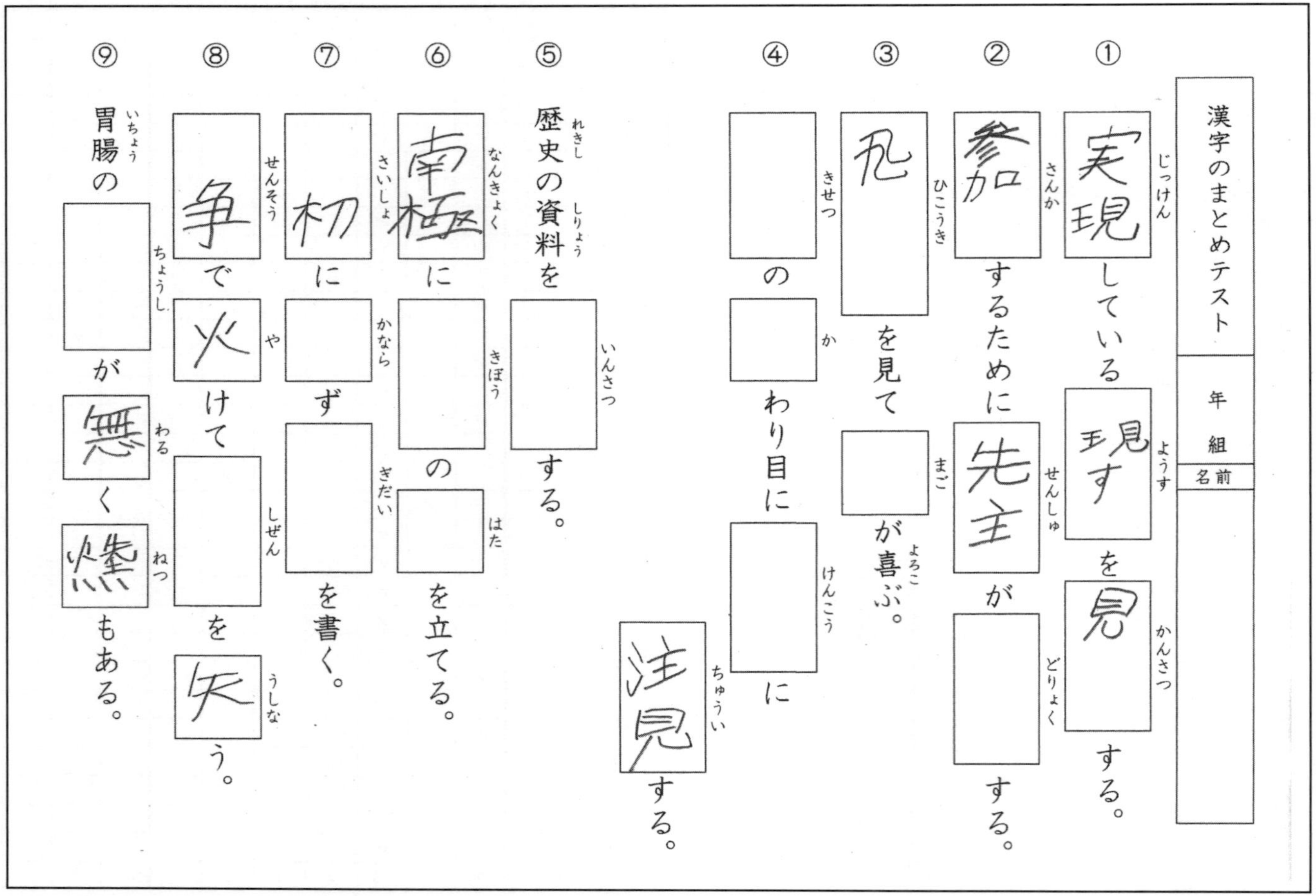

Hさんの分析結果

第1段階							第2段階		
想起○		無答	誤想起				誤漢字		
正答	形×		④関無	⑤同音	⑥意似	⑦形似	形①	形②	形③
6	5	26	2	2	1	3	1	4	

□:枠からのはみ出し	△:形の歪み
1 ／正答（ 6 ）	1 ／正答（ 6 ）

- 得点評価:5年生の平均（28.9/45点、標準偏差12.15）
  - C群:漢字の習得が困難（10点以下）
- 無答が多い:26／45
- 誤想起の誤りがみられる:8／45
- 意味的類似字の誤りがみられる:1／45
- 誤漢字の誤りがみられる:5／45
- 字形には大きな歪みはみられない

〈読み書き障害タイプの特徴〉

高学年になると覚えなければいけない漢字が増えるため、「読みから漢字を思い出す」ことが更に困難になります。Hさんのように半数以上が「無答」になると漢字学習に対する意欲も低減してしまいます。

覚えている漢字で答えを書こうとすると「同音異字」の誤りになります。

漢字の形も複雑になるため「誤漢字」の誤りもみられます。

⊙Hさんの分析結果

（　年　組　番）（氏名:　　　　　　）

漢字の誤り分析表			第1段階							第2段階		
			想起○		無答	誤想起				誤漢字		
No.	漢字	誤答	正答	形×		④関無	⑤同音	⑥意似	⑦形似	形①	形②	形③
1	実験	△ 現	✔			✔						
2	様子	現			✔	✔						
3	観察	見			✔				✔			
4	参加		✔✔									
5	選手	先主					✔✔					
6	努力				✔✔							
7	飛行機	飛		✔	✔✔						✔	
8	孫				✔							
9	季節				✔✔							
10	変わる				✔							
11	健康				✔✔							
12	注意	見	✔						✔			
13	印刷				✔✔							
14	南極	□	✔✔									
15	希望				✔✔							
16	旗				✔							
17	最初	初		✔	✔						✔	
18	必ず				✔							
19	議題				✔✔							
20	戦争	争		✔	✔					✔		
21	焼ける	火ける						✔				
22	自然				✔✔							
23	失う	矢う							✔			
24	調子				✔✔							
25	悪い	無い		✔							✔	
26	熱	焼		✔							✔	
	合　計		6	5	26	2	2	1	3	1	4	

〈第２段階〉形①部分的な形の誤り　形②部首のまとまりの誤り　形③部首の配置の誤り

□枠からのはみ出し（ 1／ 6 ）　　△形の歪み（ 1／ 6 ）

■ 書字障害（ディスグラフィア）タイプ

◉Ｉさん（3年生）の漢字誤り分析

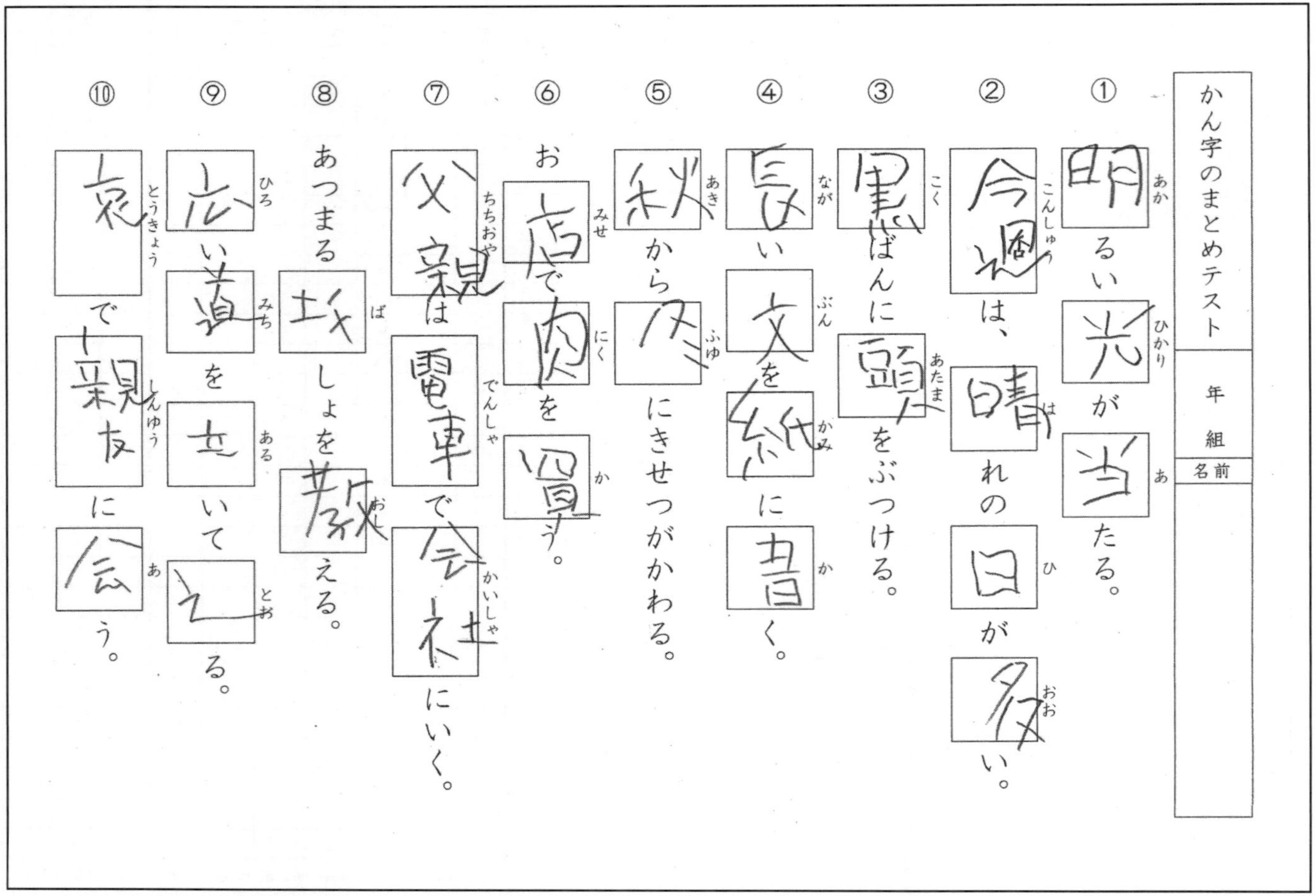

かん字のまとめテスト

年　組　名前

① 明《あか》るい光《ひかり》が当《あ》たる。

② 今週《こんしゅう》は、晴《は》れの日《ひ》が多《おお》い。

③ 黒《こく》ばんに頭《あたま》をぶつける。

④ 長《なが》い文《ぶん》を紙《かみ》に書《か》く。

⑤ 秋《あき》から冬《ふゆ》にきせつがかわる。

⑥ お店《みせ》で肉《にく》を買《か》う。

⑦ 父親《ちちおや》は電車《でんしゃ》で会社《かいしゃ》にいく。

⑧ あつまる場《ば》しょを数える。

⑨ 広《ひろ》い道《みち》を歩《ある》いて通《とお》る。

⑩ 東京《とうきょう》で親友《しんゆう》に会《あ》う。

⊙Iさんの分析結果

Iさんの分析結果

第1段階							第2段階		
想起○		無答	誤想起				誤漢字		
正答	形×		④関無	⑤同音	⑥意似	⑦形似	形①	形②	形③
21	9	1					3	6	

□:枠からのはみ出し	△:形の歪み
16／正答(21)	14／正答(21)

- 得点評価:3年生の平均(24.2/30問、標準偏差5.4)
  - 平均範囲内
- 無答は少ない:1／30
- 誤想起の誤りはみられない
- 誤漢字の誤りが多い:9／30
- 誤漢字の誤りの程度が大きいものが多い:形②6／30
- 字形の歪みが大きく、そのための枠からのはみ出しも多い

〈書字障害タイプの特徴〉

書字障害タイプの子どもは、読みから漢字を思い出すことに大きな問題はありません。しかし、思い出した漢字を書く時にエラーが出てしまいます。

空間認知の弱さから誤漢字の誤りが多く、その中でも部首のまとまりで形の違う「形②」の誤りが多くなっています。

Iさんは手先の不器用さもあるため、正答の漢字でも「形の歪み」が多くみられます。部首の配置や大きさの問題で「枠からのはみ出し」も多くなっています。

(　年　組　番)(氏名:　　　　　)

漢字の誤り分析表

漢字の誤り分析表			第1段階							第2段階		
			想起○		無答	誤想起				誤漢字		
No.	漢字	誤答	正答	形×		④関無	⑤同音	⑥意似	⑦形似	形①	形②	形③
1	明るい	□	✔									
2	光	□	✔									
3	当たる	△	✔									
4	今週	今週		✔							✔	
5	晴れ	晴れ		✔						✔		
6	日	△	✔									
7	多い	□△	✔									
8	黒ばん	黒ばん		✔						✔		
9	頭	□△	✔									
10	長い	長い		✔						✔		
11	文	□	✔									
12	紙	□△	✔									
13	書く	書く		✔							✔	
14	秋	□	✔									
15	冬	□△	✔									
16	お店	□△	✔									
17	肉	□△	✔									
18	買う	□△	✔									
19	父親	□	✔									
20	電車		✔									
21	会社	□△	✔									
22	場しょ	坂しょ		✔							✔	
23	教える	□△	✔									
24	広い	△	✔									
25	道	□△	✔									
26	歩いて	立いて		✔							✔	
27	通る	辶る		✔							✔	
28	東京	哀○		✔	✔						✔	
29	親友	□	✔									
30	会う	△	✔									
	合計		21	9	1					3	6	

〈第2段階〉形①部分的な形の誤り　形②部首のまとまりの誤り　形③部首の配置の誤り

□枠からのはみ出し(16 ／ 21)　　△形の歪み(14 ／ 21)

■書字障害（ディスグラフィア）タイプ

◎Jさん（5年生）の漢字誤り分析

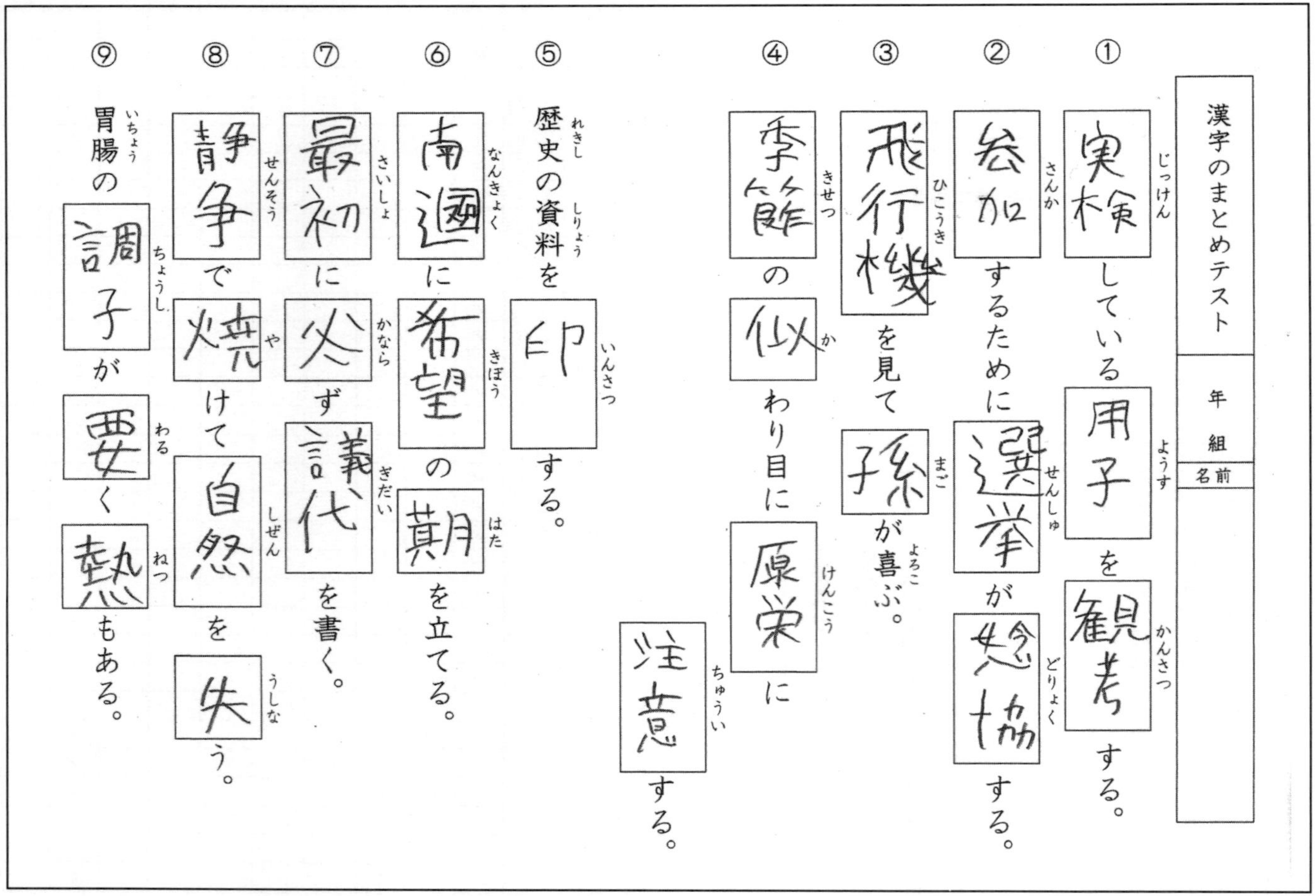
漢字のまとめテスト　年　組　名前

① 実検《じっけん》している用子《ようす》を観考《かんさつ》する。

② 参加《さんか》するために選挙《せんしゅ》が怒協《どりょく》する。

③ 飛行機《ひこうき》を見て子孫《まご》が喜《よろこ》ぶ。

④ 季節《きせつ》の似《か》わり目に原栄《けんこう》に注意《ちゅうい》する。

⑤ 歴史《れきし》の資料《しりょう》を印《いんさつ》する。

⑥ 南週《なんきょく》に希望《きぼう》の期《はた》を立てる。

⑦ 最初《さいしょ》に必《かなら》ず議代《ぎだい》を書く。

⑧ 静争《せんそう》で焼《や》けて自然《しぜん》を失《うしな》う。

⑨ 胃腸《いちょう》の調子《ちょうし》が要《わる》く熱《ねつ》もある。

⊙Jさんの分析結果

Jさんの分析結果

第1段階							第2段階		
想起○		無答	誤想起				誤漢字		
正答	形×		④関無	⑤同音	⑥意似	⑦形似	形①	形②	形③
22	11	1	4	3		5	2	7	2

□:枠からのはみ出し	△:形の歪み
2 ／正答（ 22 ）	10 ／正答（ 22 ）

- 得点評価：5年生の平均（28.9/45点、標準偏差12.15）
  - B群：漢字の習得が苦手（27点〜11点）
- 無答が少ない：1／45
- 誤想起の誤りが多い：12／45
- 形態的類似字の誤りが多い：5／45
- 誤漢字の誤りが多い：11／45（部首の配置の誤りがある）
- 字形に歪みのあるものが多い

〈書字障害タイプの特徴〉

読みから漢字を思い出すことに大きな問題はありませんが、思い出した漢字に誤りが多くみられます。

形が似ている違う漢字の「形態的類似字」の誤りが多くみられます。

部分的に形の違う「誤漢字」も多く、形が複雑な漢字では部首のまとまりで形の違う「形②」が多く、部首の配置の誤り「形③」もみられます。

「枠からのはみ出し」は少ないですが、正答の漢字の「形の歪み」が多くなっています。

（　年　組　番）（氏名：　　　　　　　）

漢字の誤り分析表			第1段階							第2段階		
			想起○		無答	誤想起				誤漢字		
No.	漢字	誤答	正答	形×		④関無	⑤同音	⑥意似	⑦形似	形①	形②	形③
1	実験	△ 検	✔				✔		✔			
2	様子	用△	✔				✔					
3	観察	考	✔			✔						
4	参加	参△	✔	✔							✔	
5	選手	□挙	✔						✔			
6	努力	慾 協		✔					✔		✔	
7	飛行機	飛 △□	✔✔	✔						✔		
8	孫	△	✔									
9	季節	△ 節	✔	✔							✔	
10	変わる	似わる				✔						
11	健康	康栄				✔✔						
12	注意		✔✔									
13	印刷		✔		✔							
14	南極	南極		✔✔						✔	✔	
15	希望	希	✔	✔								✔
16	旗	期		✔							✔	
17	最初	△	✔✔									
18	必ず	必ず		✔								✔
19	議題	議代		✔			✔				✔	
20	戦争	静	✔						✔			
21	焼ける	△	✔									
22	自然	△ 然	✔	✔							✔	
23	失う		✔									
24	調子	△	✔✔									
25	悪い	悪い							✔			
26	熱		✔									
	合計		22	11	1	4	3		5	2	7	2

〈第2段階〉形①部分的な形の誤り　形②部首のまとまりの誤り　形③部首の配置の誤り

□枠からのはみ出し（ 2／ 22 ）　　△形の歪み（ 10／ 22 ）

◎Kさん（3年生）の漢字誤り分析

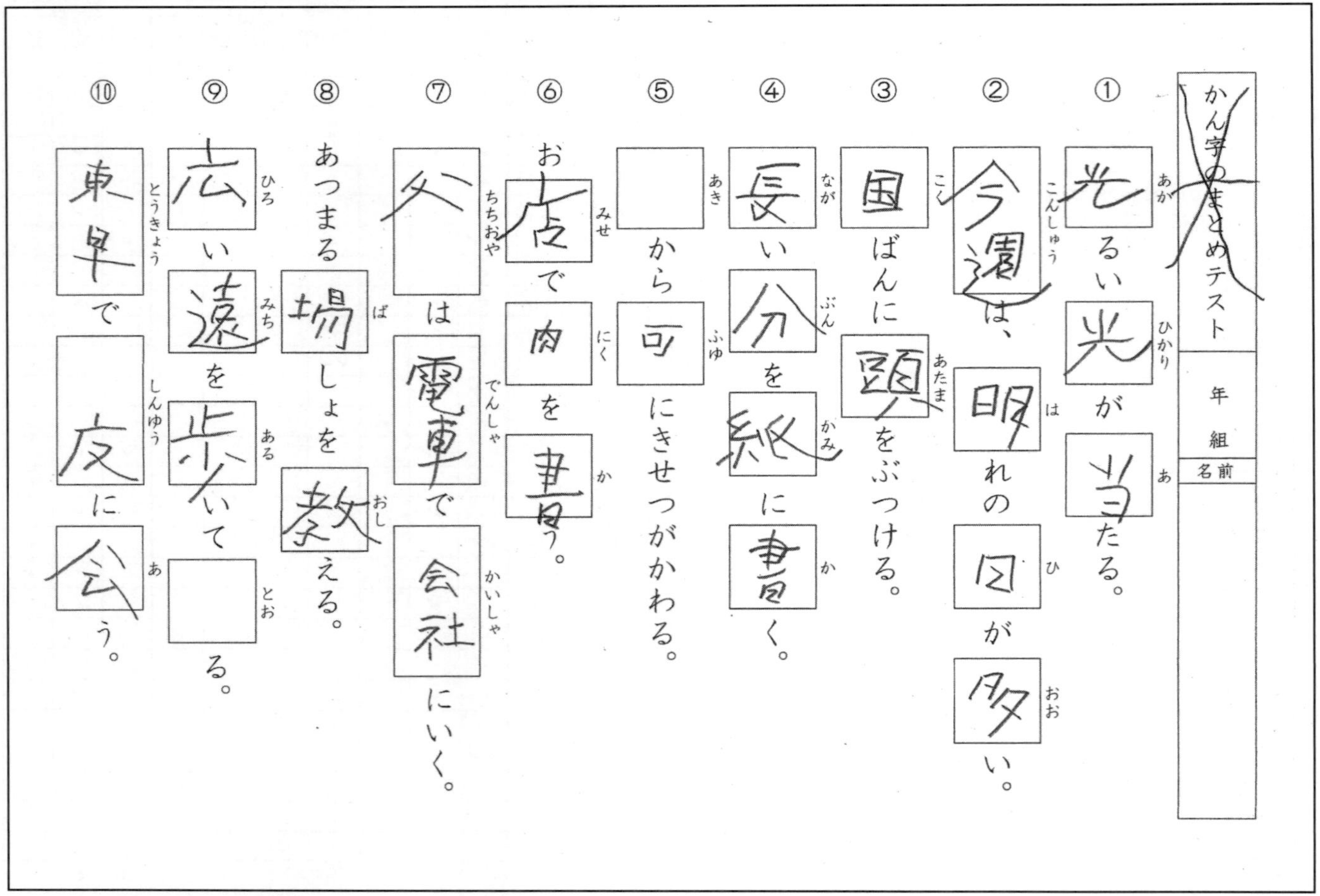

かん字のまとめテスト

年　組
名前

① □《あか》るい□《ひかり》が□《あ》たる。

② □《こんしゅう》は、□《は》れの□《ひ》が□《おお》い。

③ □《こく》ばんに□《あたま》をぶつける。

④ □《なが》い□《ぶん》を□《かみ》に□《か》く。

⑤ □《あき》から□《ふゆ》にきせつがかわる。

⑥ お□《みせ》で□《にく》を□《か》う。

⑦ □《ちちおや》は□《でんしゃ》で□《かいしゃ》にいく。

⑧ あつまる□《ば》しょを□《おし》える。

⑨ □《ひろ》い□《みち》を□《ある》いて□《とお》る。

⑩ □《とうきょう》で□《しんゆう》に□《あ》う。

Kさんの分析結果

第１段階							第２段階		
想起○		無答	誤想起				誤漢字		
正答	形×		④関無	⑤同音	⑥意似	⑦形似	形①	形②	形③
16	3	4	1	3	2	3	1	2	
□:枠からのはみ出し				△:形の歪み					
9 ／正答（ 16 ）				14 ／正答（ 16 ）					

- 得点評価：3年生の平均（24.2/30問、標準偏差5.4）
  - 要注意群［18〜14点］
- 無答・誤想起・誤漢字と誤りパターンが一貫していない
- 速く、続けて書くことによる字形の崩れがみられる
- そのための枠からのはみ出しも多い
- 文字の大きさが一定していない
- 落書きがみられる

〈多動・衝動タイプの特徴〉

漢字を書く時に速く、いい加減に書くことによる字形の崩れが多くみられます。続けて書くことによる字形の崩れや、枠や大きさのバランスを考えないで書くため、「枠からのはみ出し」も多くなります。

　無答・誤想起・誤漢字と一貫しない誤りパターンがみられます。

　枠外への落書きもチェックポイントです。

⊙Kさんの分析結果

（　年　組　番）（氏名：　　　　　）

漢字の誤り分析表			第1段階							第2段階		
			想起○		無答	誤想起				誤漢字		
No.	漢字	誤答	正答	形×		④関無	⑤同音	⑥意似	⑦形似	形①	形②	形③
1	明るい	光るい						✔				
2	光	△	✔									
3	当たる	□△	✔									
4	今週	今週		✔							✔	
5	晴れ	明れ						✔	✔			
6	日	△	✔									
7	多い	△	✔									
8	黒ばん	国ばん					✔					
9	頭	□△	✔									
10	長い	△	✔									
11	文	分					✔					
12	紙	□△	✔									
13	書く	△	✔									
14	秋				✔							
15	冬	可				✔						
16	お店	□△	✔									
17	肉	△	✔									
18	買う	書う					✔					
19	父親	父〇			✔							
20	電車	□△	✔									
21	会社	△	✔									
22	場しょ	場しょ		✔						✔		
23	教える	□△	✔									
24	広い	□	✔									
25	道	遠							✔			
26	歩いて	□	✔									
27	通る				✔							
28	東京	東早							✔			
29	親友	〇皮		✔	✔						✔	
30	会う	□△	✔									
	合計		16	3	4	1	3	2	3	1	2	

〈第２段階〉形①部分的な形の誤り　形②部首のまとまりの誤り　形③部首の配置の誤り

□枠からのはみ出し（ 9 ／ 16 ）　　△形の歪み（ 14 ／ 16 ）

■多動・衝動タイプ

⊙Lさん（5年生）の漢字誤り分析

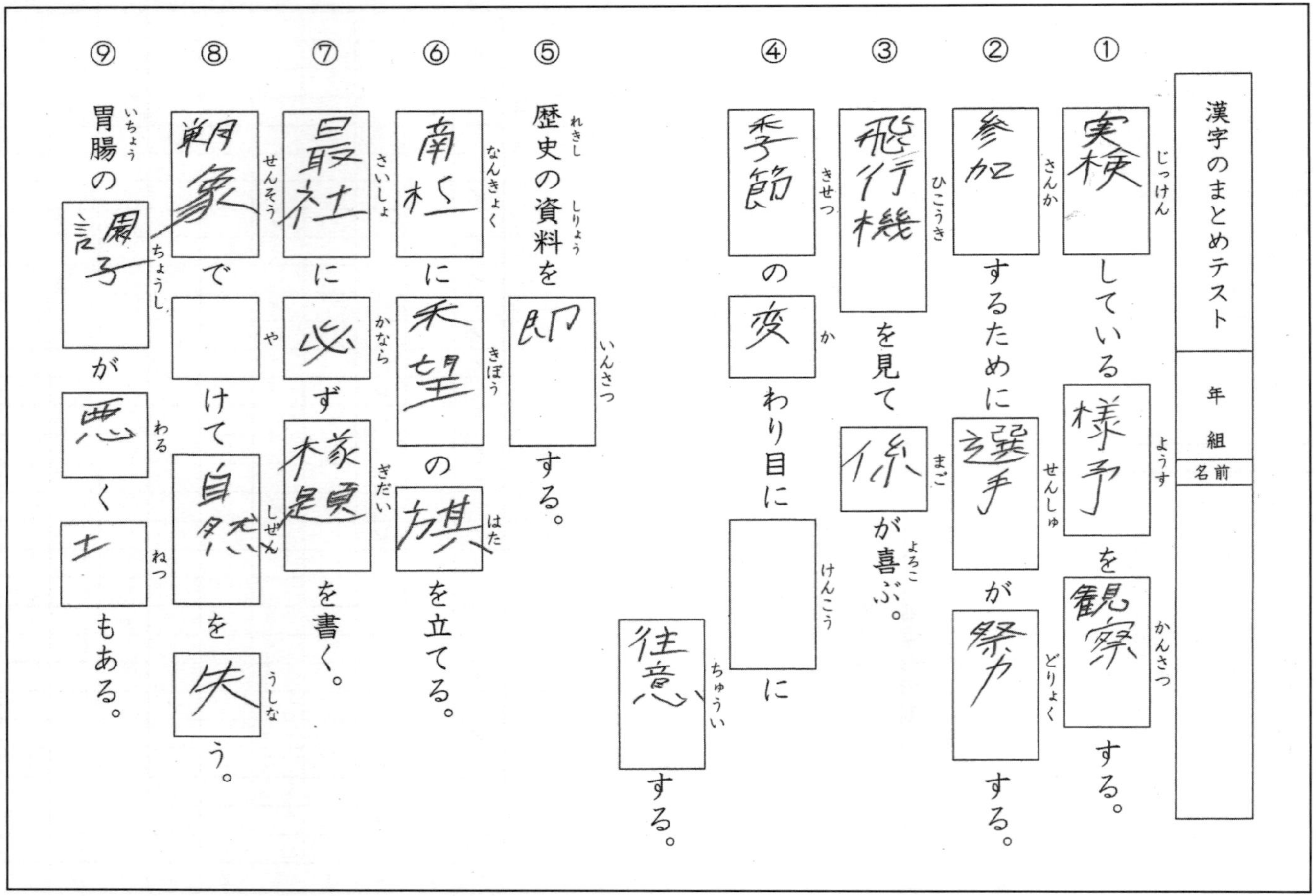
漢字のまとめテスト　年　組　名前

① 実検《じっけん》している様予《ようす》を観察《かんさつ》する。

② 参加《さんか》するために選手《せんしゅ》が努力《どりょく》する。

③ 飛行機《ひこうき》を見て係《まご》が喜《よろこ》ぶ。

④ 季節《きせつ》の変《か》わり目に［　］《けんこう》に往意《ちゅうい》する。

⑤ 歴史《れきし》の資料《しりょう》を即［　］《いんさつ》する。

⑥ 南极《なんきょく》に希望《きぼう》の旗《はた》を立てる。

⑦ 最社《さいしょ》に必《かなら》ず様題《ぎだい》を書く。

⑧ 朝象《せんそう》で［　］《や》けて自然《しぜん》を失《うしな》う。

⑨ 胃腸《いちょう》の調子《ちょうし》が悪《わる》く土《ねつ》もある。

⊙Lさんの分析結果

Lさんの分析結果

第1段階							第2段階		
想起〇		無答	誤想起				誤漢字		
正答	形×		④関無	⑤同音	⑥意似	⑦形似	形①	形②	形③
19	15	4		1		7	4	11	

□:枠からのはみ出し	△:形の歪み
3 ／正答(19)	16 ／正答(19)

- 得点評価:5年生の平均(28.9/45点、標準偏差12.15)
  - B群:漢字の習得が苦手(27点～11点)
- 無答が少ない:4／45
- 形態的類似字の誤りが多い:7／45
- 誤漢字の誤りが多い:15／45(形②11／45)
- 枠内にバランスよく書字できていない
- 字形に歪みのあるものが多い

〈多動・衝動タイプの特徴〉

漢字を書く時に速く、いい加減に書くことによる字形の崩れが多くみられます。

続けて書くことによる字形の崩れや、枠内の配置やバランスの悪さがみられ、そのための「枠からのはみ出し」もみられます。

高学年では漢字が複雑になるため、衝動性や不注意による「形態的類似字」や「誤漢字」の誤りが非常に多くなっています。

(　年　組　番)(氏名:　　　　　　)

漢字の誤り分析表			第1段階							第2段階		
			想起〇		無答	誤想起				誤漢字		
No.	漢字	誤答	正答	形×		④関無	⑤同音	⑥意似	⑦形似	形①	形②	形③
1	実験	△ 検	✔				✔		✔			
2	様子	様予		✔					✔	✔		
3	観察	観察		✔✔						✔✔		
4	参加	参△	✔	✔							✔	
5	選手	△	✔✔									
6	努力	祭△	✔						✔			
7	飛行機	△△機	✔✔	✔						✔		
8	孫	係		✔							✔	
9	季節	△	✔✔									
10	変わる	△	✔									
11	健康				✔✔							
12	注意	往△	✔						✔			
13	印刷	即			✔				✔			
14	南極	南极		✔✔							✔✔	
15	希望	禾△	✔	✔							✔	
16	旗	旗		✔							✔	
17	最初	社	✔						✔			
18	必ず	△	✔									
19	議題	様△□	✔	✔							✔	
20	戦争	戦象		✔					✔		✔	
21	焼ける				✔							
22	自然	△ △□	✔✔									
23	失う	△	✔									
24	調子	調△□	✔	✔							✔	
25	悪い	悪い		✔							✔	
26	熱	土		✔							✔	
	合計		19	15	4		1		7	4	11	

〈第2段階〉形①部分的な形の誤り　形②部首のまとまりの誤り　形③部首の配置の誤り

□枠からのはみ出し(3／ 19)　　△形の歪み(16／ 19)

■ 不注意タイプ

⊙Mさん（3年生）の漢字誤り分析

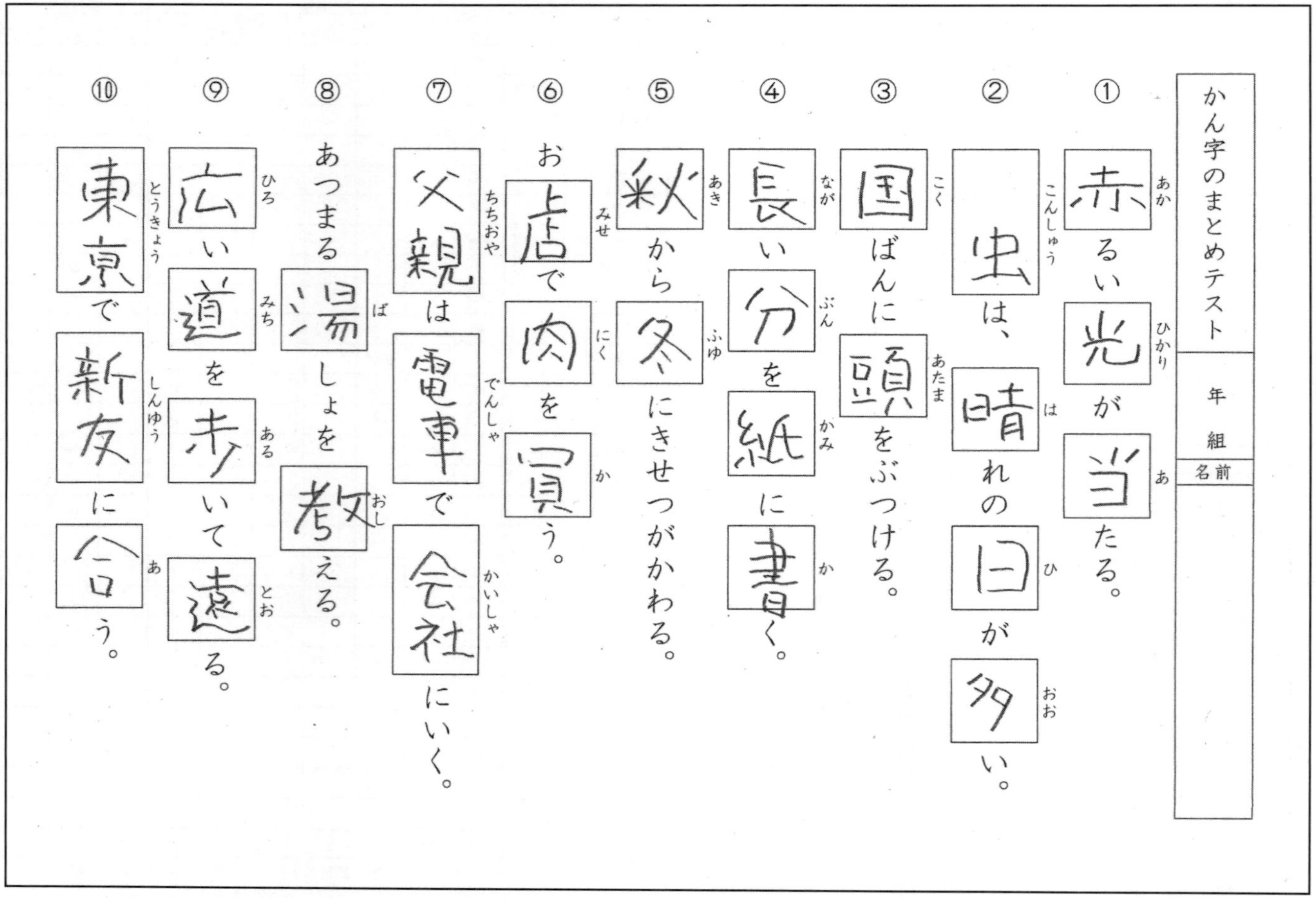
かん字のまとめテスト
年 組
名前
① 赤《あか》るい光《ひかり》が当《あ》たる。
② 虫《こんしゅう》は、晴《は》れの日《ひ》が多《おお》い。
③ 国《こく》ばんに頭《あたま》をぶつける。
④ 長《なが》い分《ぶん》を紙《かみ》に書《か》く。
⑤ 秋《あき》から冬《ふゆ》にきせつがかわる。
⑥ お店《みせ》で肉《にく》を買《か》う。
⑦ 父親《ちちおや》は電車《でんしゃ》で会社《かいしゃ》にいく。
⑧ あつまる湯《ば》しょを教《おし》える。
⑨ 広《ひろ》い道《みち》を歩《ある》いて遠《とお》る。
⑩ 東京《とうきょう》で新友《しんゆう》に合《あ》う。

Mさんの分析結果

第1段階							第2段階		
想起○		無答	誤想起				誤漢字		
正答	形×		④関無	⑤同音	⑥意似	⑦形似	形①	形②	形③
15	7	1	1	6		3	4	3	
□:枠からのはみ出し					△:形の歪み				
1 ／正答(15)					1 ／正答(15)				

- 得点評価:3年生の平均(24.2/30問、標準偏差5.4)
  - 要注意群[18〜14点]
- 無答は少ないが、書いた漢字に誤りが多い
- 同音異字の誤りが多い:6／30
- 誤漢字の誤りが多い:7／30
- 字形に大きな崩れはみられない

〈不注意タイプの特徴〉

漢字を思い出して書くことはできていますが、思い出した漢字に誤りが多くみられます。

不注意のために、文として読まずに漢字のルビだけを読んでいることによる「同音異字」の誤りがみられます。「こんしゅう」を「こんちゅう」と読み誤る不注意な誤りもあります。

頭の中で違うことを考えながら漢字を練習するため、部分的に形の違う「誤漢字」を書くことも多くなります。

⊙Mさんの分析結果

(　年　組　番)(氏名:　　　　　)

漢字の誤り分析表			第1段階							第2段階		
			想起○		無答	誤想起				誤漢字		
No.	漢字	誤答	正答	形×		④関無	⑤同音	⑥意似	⑦形似	形①	形②	形③
1	明るい	赤るい					✔					
2	光		✔									
3	当たる		✔									
4	今週	○虫			✔	✔						
5	晴れ	晴れ		✔						✔		
6	日		✔									
7	多い		✔									
8	黒ばん	国ばん					✔					
9	頭		✔									
10	長い		✔									
11	文	分					✔					
12	紙		✔									
13	書く	□△	✔									
14	秋	秋		✔							✔	
15	冬		✔									
16	お店	お店		✔						✔		
17	肉		✔									
18	買う	買う		✔						✔		
19	父親		✔									
20	電車		✔									
21	会社		✔									
22	場しょ	湯しょ							✔			
23	教える	教える		✔							✔	
24	広い		✔									
25	道		✔									
26	歩いて	歩いて		✔							✔	
27	通る	遠る					✔					
28	東京	東京		✔						✔		
29	親友	新友					✔		✔			
30	会う	合う					✔		✔			
	合計		15	7	1	1	6		3	4	3	

〈第2段階〉形①部分的な形の誤り　形②部首のまとまりの誤り　形③部首の配置の誤り

□枠からのはみ出し(1 ／ 15)　　△形の歪み(1 ／ 15)

■ 不注意タイプ

⊙Nさん（5年生）の漢字誤り分析

漢字のまとめテスト　年　組　名前

① 実験《じっけん》している用予《ようす》を観《かんさつ》する。

② 参加《さんか》するために選者《せんしゅ》が力《どりょく》する。

③ 飛檥《ひこうき》を見て係《まご》が喜《よろこ》ぶ。

④ 香節《きせつ》の変《か》わり目に公《けんこう》に中意《ちゅうい》する。

⑤ 歴史《れきし》の資料《しりょう》を印《いんさつ》する。

⑥ 南極《なんきょく》に□《きぼう》の枋《はた》を立てる。

⑦ 初最《さいしょ》に必《かなら》ず議題《ぎだい》を書く。

⑧ 戦《せんそう》で焼《や》けて自然《しぜん》を矢《うしな》う。

⑨ 胃腸《いちょう》の□《ちょうし》が□《わる》く熱《ねつ》もある。

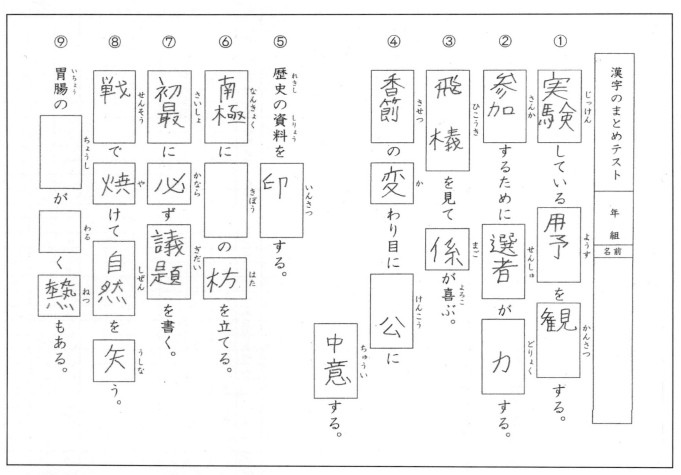

⊙Nさんの分析結果

（　　年　　組　　番）（氏名：　　　　　　　　）

漢字の誤り分析表			第1段階							第2段階		
			想起○		無答	誤想起				誤漢字		
No.	漢字	誤答	正答	形×		④関無	⑤同音	⑥意似	⑦形似	形①	形②	形③
1	実験		✔✔									
2	様子	用予					✔		✔			
3	観察		✔		✔							
4	参加	△	✔✔									
5	選手	者	✔					✔				
6	努力		✔		✔							
7	飛行機	機	✔	✔	✔						✔	
8	孫	係							✔			
9	季節	香節		✔					✔		✔	
10	変わる		✔									
11	健康	公			✔		✔					
12	注意	中	✔				✔					
13	印刷		✔		✔							
14	南極		✔✔									
15	希望				✔✔							
16	旗	枋		✔							✔	
17	最初	初最						✔✔				
18	必ず		✔									
19	議題	議	✔	✔							✔	
20	戦争		✔		✔							
21	焼ける	焼ける		✔						✔		
22	自然		✔✔									
23	失う	矢う							✔			
24	調子				✔✔							
25	悪い				✔							
26	熱	熱		✔							✔	
	合　計		18	6	11		3	3	4	1	5	

〈第２段階〉形①部分的な形の誤り　形②部首のまとまりの誤り　形③部首の配置の誤り

□枠からのはみ出し（ 0／ 18 ）　　△形の歪み（ 1／ 18 ）

Nさんの分析結果

第Ｉ段階							第2段階		
想起○		無答	誤想起				誤漢字		
正答	形×		④関無	⑤同音	⑥意似	⑦形似	形①	形②	形③
18	6	11		3	3	4	1	5	

□:枠からのはみ出し	△:形の歪み
0 ／正答（ 18 ）	1 ／正答（ 18 ）

- 得点評価:5年生の平均（28.9/45点、標準偏差12.15）
  - B群:漢字の習得が苦手（27点～11点）
- 無答が多い:11／45
- 思い出して書いている漢字に誤りが多い
- 誤想起の誤りが多い:10／45
- 誤漢字の誤りが多い:6／45
- 字形は整った文字が書けている

〈不注意タイプの特徴〉

高学年の漢字になると、思い出せない漢字が増え、また思い出して書いた漢字の誤りも多くなります。

「同音異字」「意味的類似字」「形態的類似字」それぞれに誤りがみられます。

頭の中で違うことを考えながら漢字を練習するため、部分的に形の違う「誤漢字」を書くことも多くなります。

「無答」が多いため、漢字の読みの力もチェックしておく必要があります。

4 タイプ別・漢字の支援法

「書字障害」タイプの漢字のつまずき
（空間認知の弱さ・不器用・視機能の弱さ）

- 漢字の形がうまく取れない
- 線や点の数が多い・少ない
- 偏と旁が逆、斜め線が反対（顔 参）
- 部首をうまく配置できない（多 森 努）
- 形態的類似字の誤りが出やすい（親→新、教→考）
- 斜め線の交わる形がうまく書けない（冬 客 紙）

↓

「書字障害」タイプの漢字支援

- 形を真似て書こうとすると字形が崩れる
- 部分を構成する練習法（漢字たし算）
- 補助線を活用
- パズルで漢字を組み立てる構成練習
- 部分を書き入れて漢字を完成させる練習
- 唱えながら書く（継次処理活用）
- 筆順アプリの活用

「読み書き障害」タイプの漢字のつまずき
（音韻認識の弱さ）

- 漢字の読みが覚えにくい
- 熟語の読みが覚えにくい
- 文中で意味が似ている単語に読み間違う
- 読みから漢字が思い出せない
- 漢字テストで点数が取れない
- 意味的類似字の誤りが出やすい
  - 「店で牛（にく）を買う。」
  - 「秋から雪（ふゆ）に季節が変わる。」
- 形のヒントがあると思い出せる

↓

「読み書き障害」タイプの漢字支援

- 漢字の意味や読みに重点をおいた指導
- 漢字パーツを使って
パーツ名、パーツの意味を教える
- 書き方を唱えながら書く
- 漢字の成り立ちを活用
- 熟語として意味と読みを覚える
- 文の中で読みの練習
- 読み書きに対する合理的配慮

「不注意」タイプの漢字のつまずき

- 覚えるための練習になっていない
  - 違うことを考えながら漢字練習
- 漢字の一部分だけ形が違う→誤漢字の誤り
- よく読まずに漢字を書いてしまう
  →同音異字の誤り
- 細かい部分に注意がいかない
- 読み書き障害タイプ＋不注意タイプ
  - 思い出せない、思い出しても不正確

「多動・衝動」タイプの漢字のつまずき

- 文字をゆっくり丁寧に書くことが苦手
- 枠の中に収めて書くことが苦手
- 続けて書くことによる字形の崩れ
- 思い込みで違う漢字を書く
- 一貫しない誤りパターン
  - 同音異字、形態的類似字、不注意な間違い
- 苦手なことに集中して取り組めない
  - 取り組もうとしない、投げ出してしまう

「不注意」タイプの漢字支援

- 漢字の練習方法を教える
- 自分で考えながらできる練習法
- パーツに分ける→唱えながら書く
- 漢字のたし算を自分で作る
- 漢字の書き方を人に説明する
- 漢字の足りないところを見つける

「多動・衝動」タイプの漢字支援

- 何回も書かせない
- 書く時のポイントを１つだけ示す
- 書き始める前に確認
- 姿勢のチェック
- トークンの活用
- 即時評価・具体的評価
- 視覚支援
- ゲーム性・動きのある活動

□ 読み書き障害（ディスレクシア）タイプの漢字支援

読み書き障害タイプの子どもは、通常の繰り返し書く練習では、漢字の形は覚えられても苦手な読みと対応させて覚えることが困難です。そのため、漢字の意味と読みに重点をおいた練習が必要です。

漢字を意味のあるものとして覚えるためには、「部首」の組み合わせで覚えていくことが大切です。筆者著作の『読み書きが苦手な子どもへの〈漢字〉支援ワーク』（明治図書）には、「漢字パーツ」を載せています。これは、学年で習う新出漢字に使われている部首を名前付きで一覧表にしたものです。これに部首の意味も付け加えながら覚えていくと、漢字を覚える手がかりが増えていきます。イラストなどの視覚的イメージも見せながら漢字を練習していくと、漢字が意味のあるものとして記憶に残りやすくなります。

かん字パーツ　2年生

木	きへん	弓	ゆみへん	囗	くにがまえ
亻	にんべん	舟	ふねへん	冂	どうがまえ
氵	さんずい	宀	うかんむり	門	もんがまえ
言	ごんべん	艹	くさかんむり	攵	のぶん
糸	いとへん	竹	たけかんむり	頁	おおがい
日	ひへん	雨	あめかんむり	灬	れんが
彳	ぎょうにんべん	亠	なべぶた	罒	よこめ
禾	のぎへん	⺍	つかんむり	隹	ふるとり
女	おんなへん	冖	わかんむり	斤	おのづくり
土	つちへん	广	まだれ	八	ひとやね
王	おうへん	厂	がんだれ	欠	あくび
礻	しめすへん	辶	しんにょう	夂	ふゆがしら
矢	やへん	士	さむらい	廾	にじゅうあし

漢字パーツ

部首の意味

宀	うかんむり	やね・いえ	家宿宮客室宅宝
广	まだれ	たてもの	店広庫庭座府
禾	のぎへん	イネ	秋種積移税科穀
礻	しめすへん	神	神社礼祝福祖祭
阝	こざとへん	盛り上がった土	階防限陸院陽隊
文	のぶん	手の動作・動き	枚数教放救散敬
欠	あくび	口を大きくあける	歌飲次欲

部首の意味（参考　ダウンロード資料：「部首の意味表」）

同じく、筆者著作の『読み書きが苦手な子どもへの〈基礎〉トレーニングワーク』『読み書きが苦手な子どもへの〈つまずき〉支援ワーク』（明治図書）掲載の「うきうきかん字れんしゅう」（※ダウンロード資料）では、部首の構成パターン（10種類）を考える↓部首に分解する↓部首の名前を唱えながら書く、の練習で、漢字の意味・読み・形のつながりを強化していきます。

部首で漢字を覚えた後には「かくれたパーツをさがせ」のプリントで確認します。

文の意味から適切な漢字を書き入れる「かん字を入れよう」のプリントも使います。

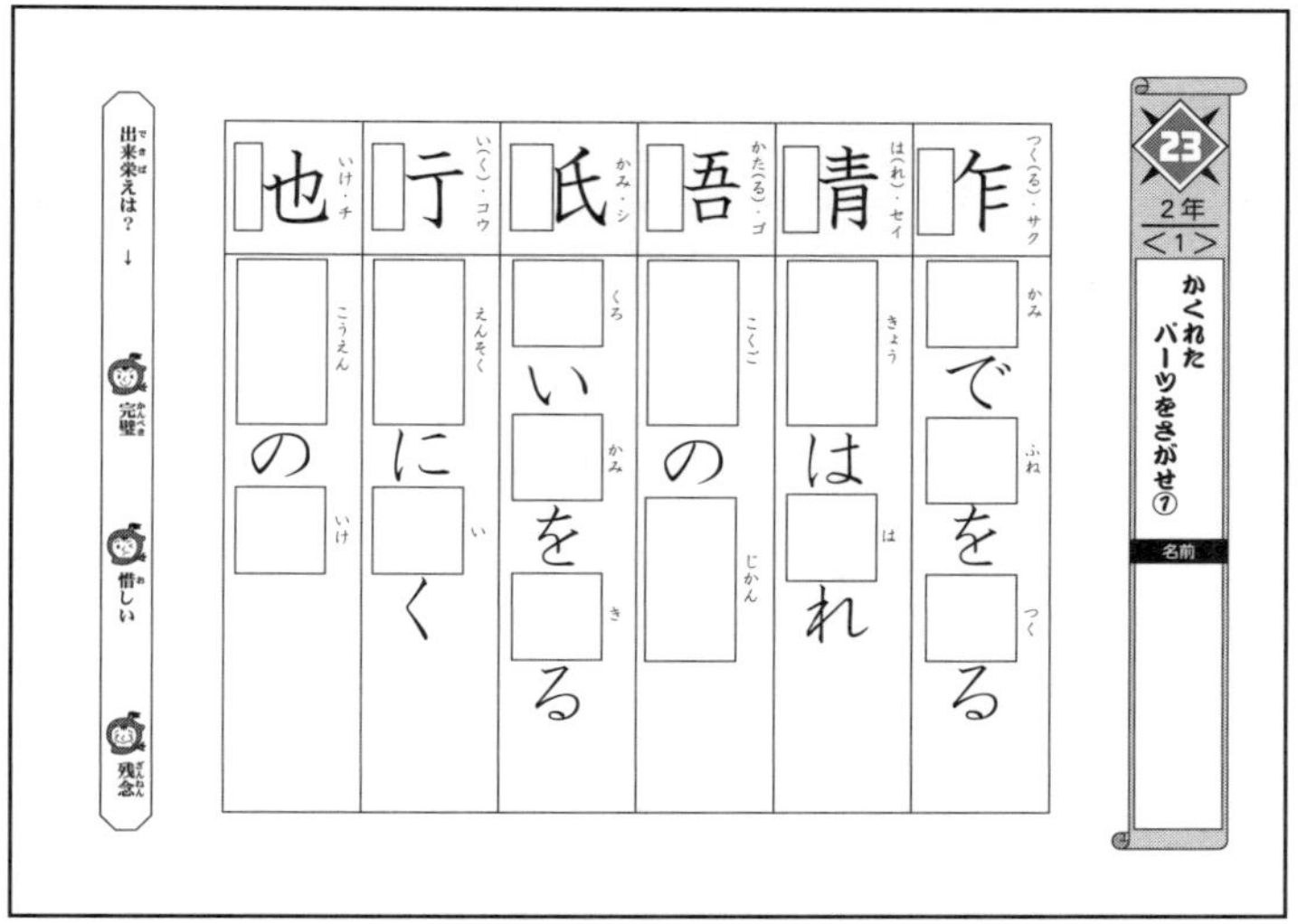

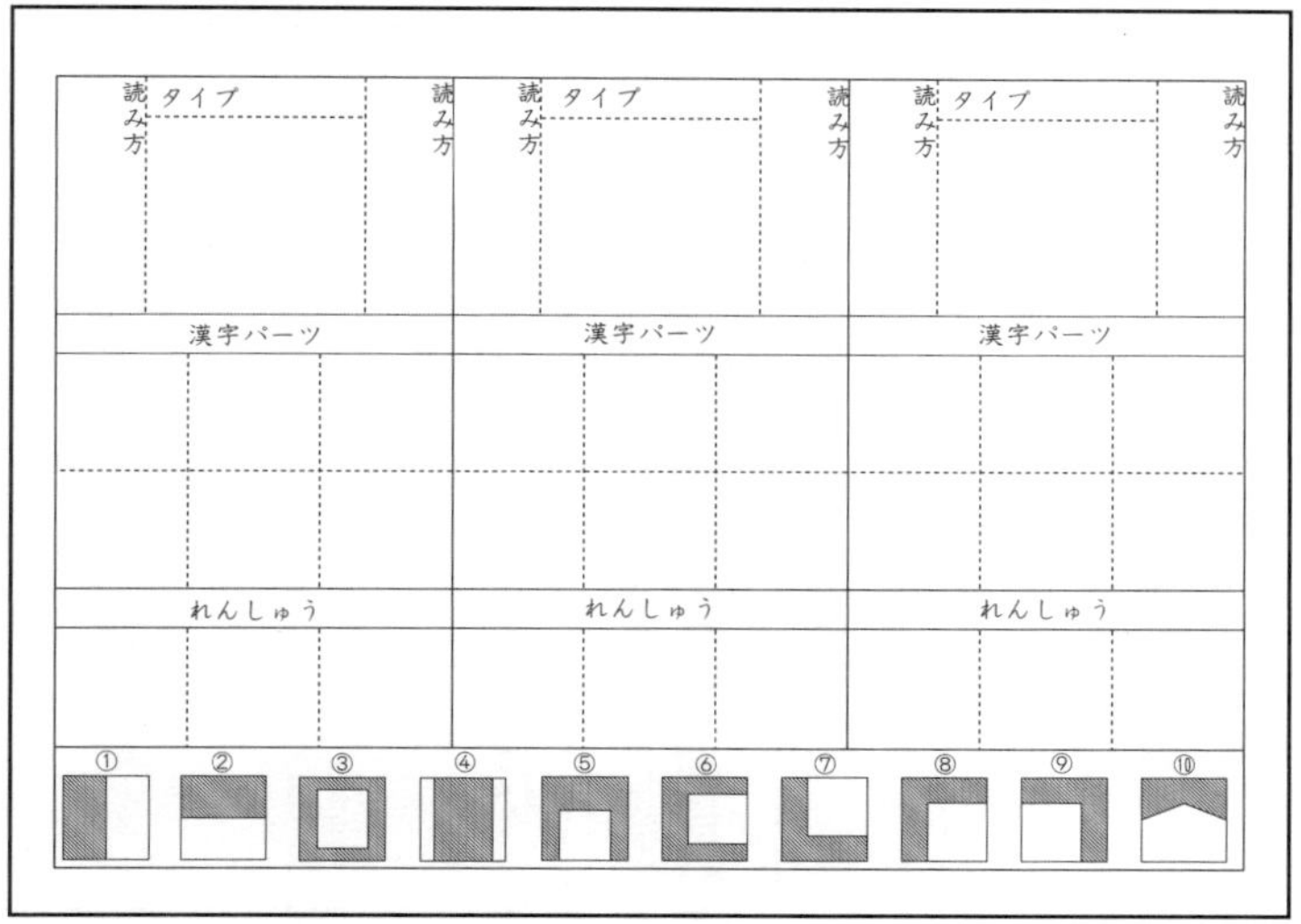

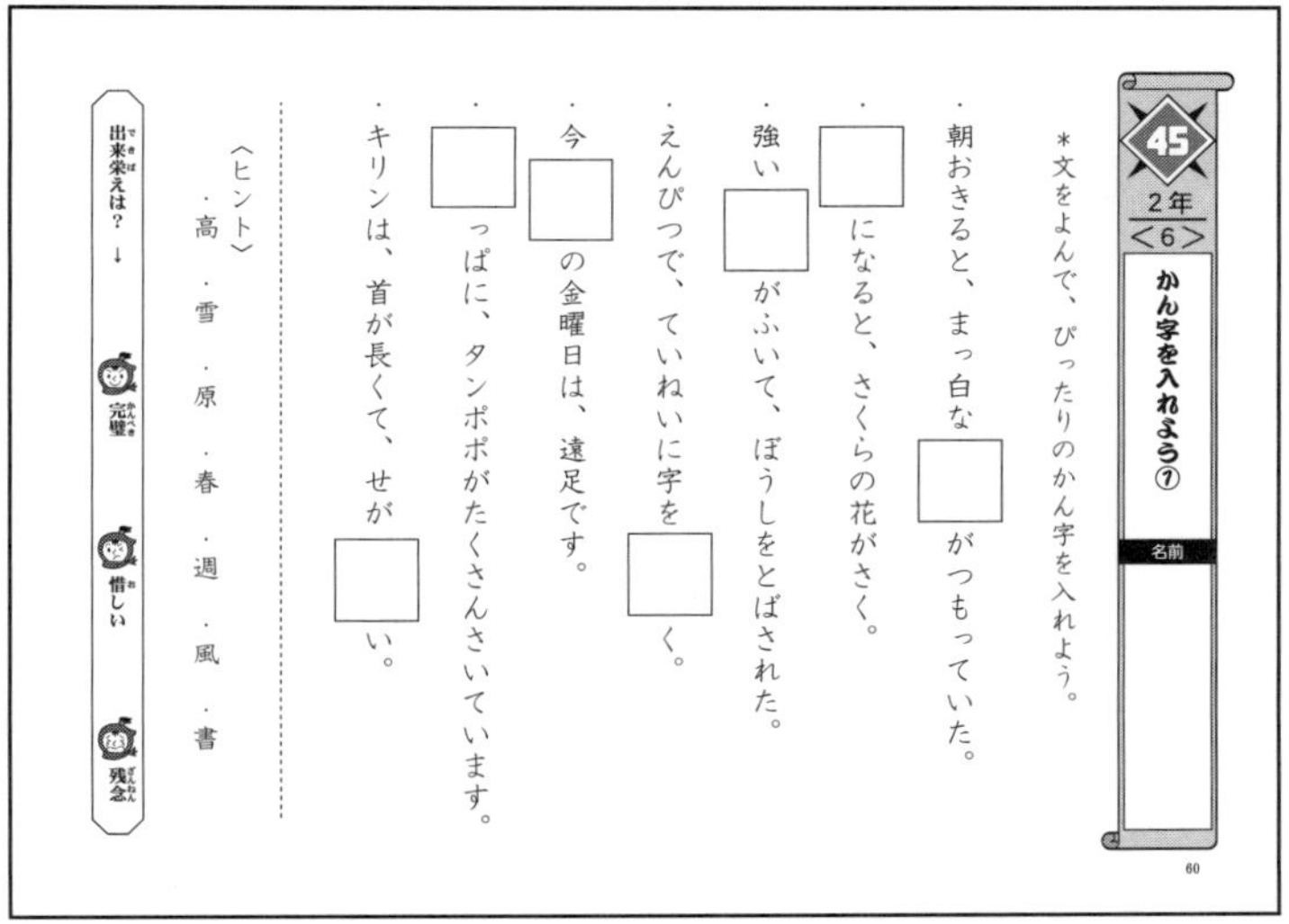

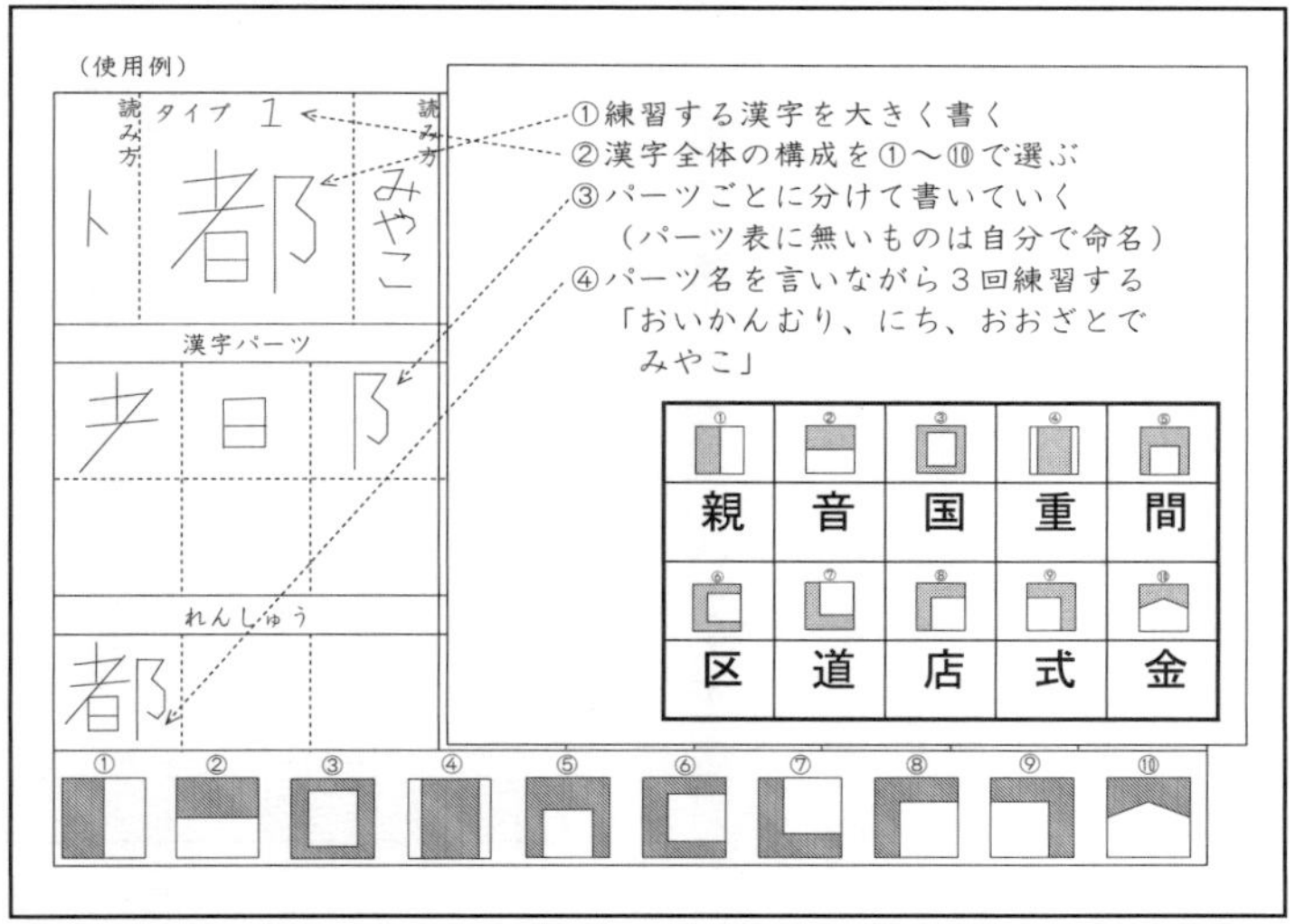

『読み書きが苦手な子どもへの〈つまずき〉支援ワーク』『読み書きが苦手な子どもへの〈漢字〉支援ワーク』（竹田契一監修・村井敏宏著　明治図書）より

漢字は高学年になるほど「音読み漢字」が増えてきます。読み書き障害タイプは、意味とつながりのある「訓読み漢字」を覚えるのは得意ですが、音だけが対応する「音読み漢字」を覚えることは苦手です。熟語は音読みが使われることが多いため、熟語として意味と読みを対応させて覚えていく練習も必要です。

「つながる漢字はどれだ」は、上下の漢字で熟語のつながりを見つけ、熟語と読みを書くプリントです。熟語の意味を考える、熟語で文を作るなどの練習につなげていきます。

漢字の読み方は、文や語の中での使われ方によって変わってくるため、読みの練習は文として練習していく必要があります。

「読み方を考えて」は、同じ漢字が入る文で、文脈に合った読みを書き入れるプリントです。

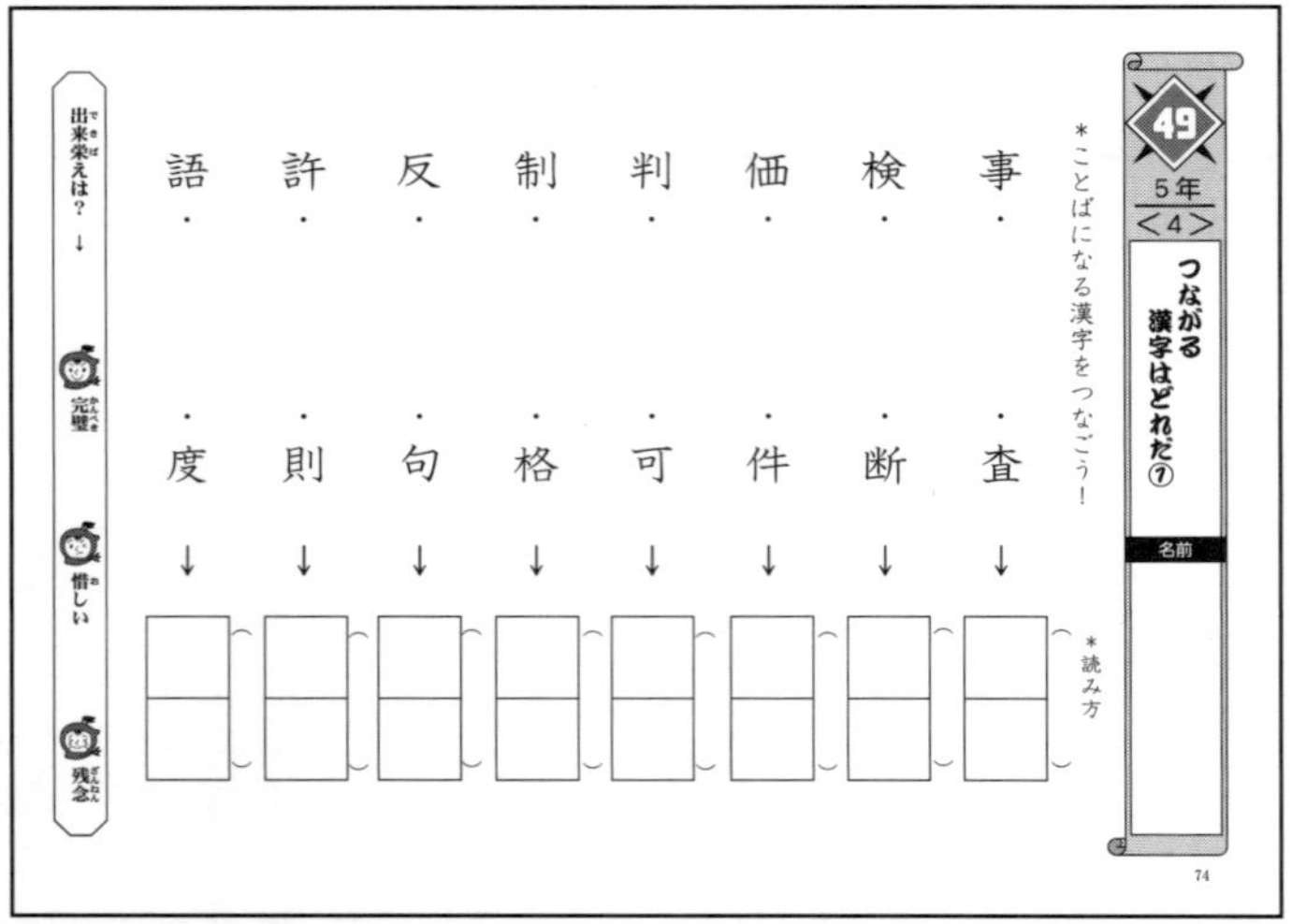
49
5年〈4〉
つながる漢字はどれだ⑦
名前
＊ことばになる漢字をつなごう！
＊読み方
事・　・査
検・　・断
価・　・件
判・　・可
制・　・格
反・　・句
許・　・則
語・　・度
出来栄えは？
完璧
惜しい
残念
74

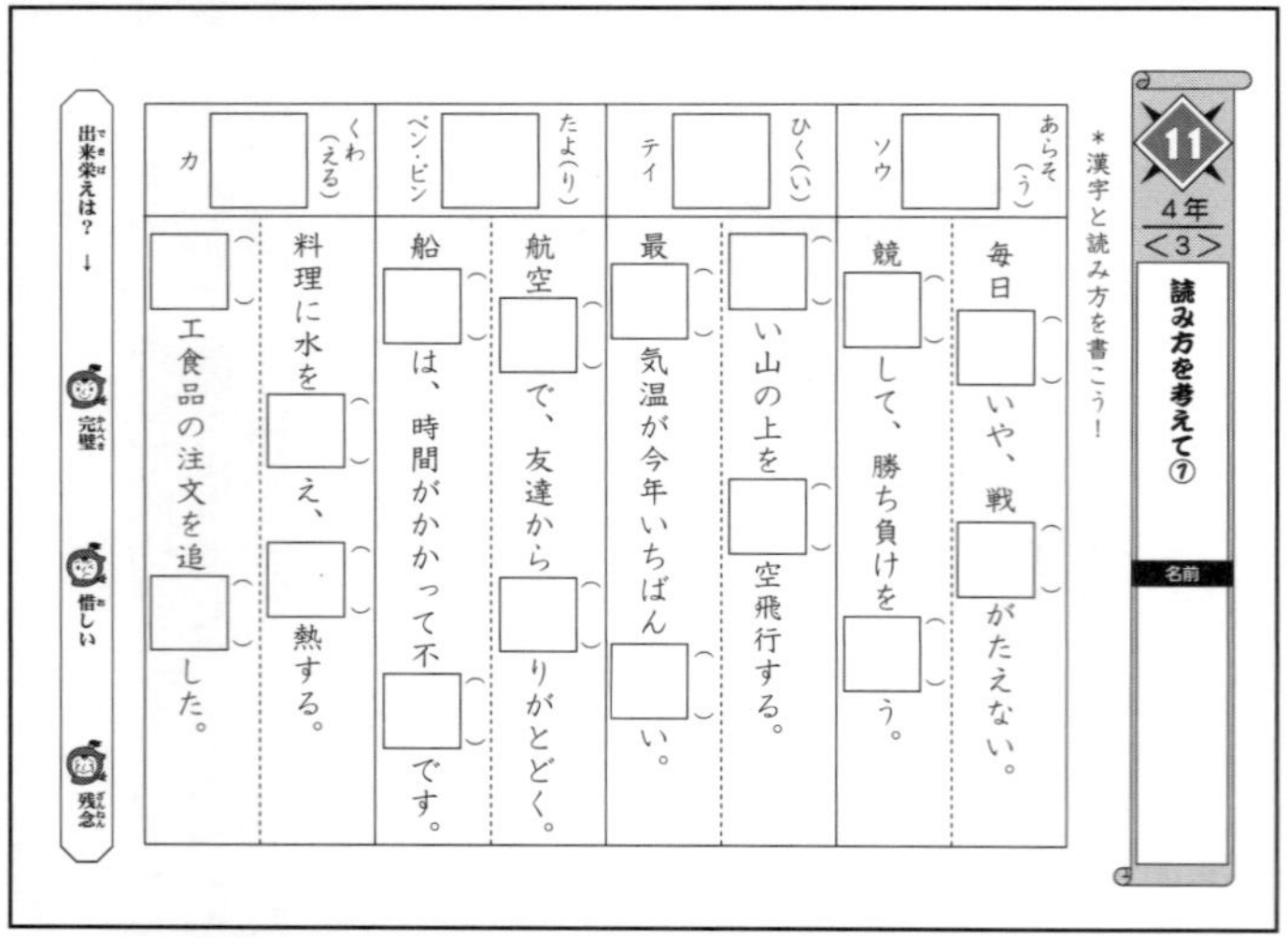
11
4年〈3〉
読み方を考えて⑦
名前
＊漢字と読み方を書こう！
あらそ（う）　ソウ
毎日□いや、戦□がたえない。
競□して、勝ち負けを□う。
ひく（い）　テイ
□い山の上を□空飛行する。
最□気温が今年いちばん□い。
たよ（り）　ベン・ビン
航空□で、友達から□りがとどく。
船□は、時間がかかって不□です。
くわ（える）　カ
料理に水を□え、□熱する。
□工食品の注文を追□した。
出来栄えは？
完璧
惜しい
残念

『読み書きが苦手な子どもへの〈漢字〉支援ワーク』
（竹田契一監修・村井敏宏著　明治図書）より

文脈に沿って漢字交じりの文をスムーズに読む、読みの練習も入れていきます。

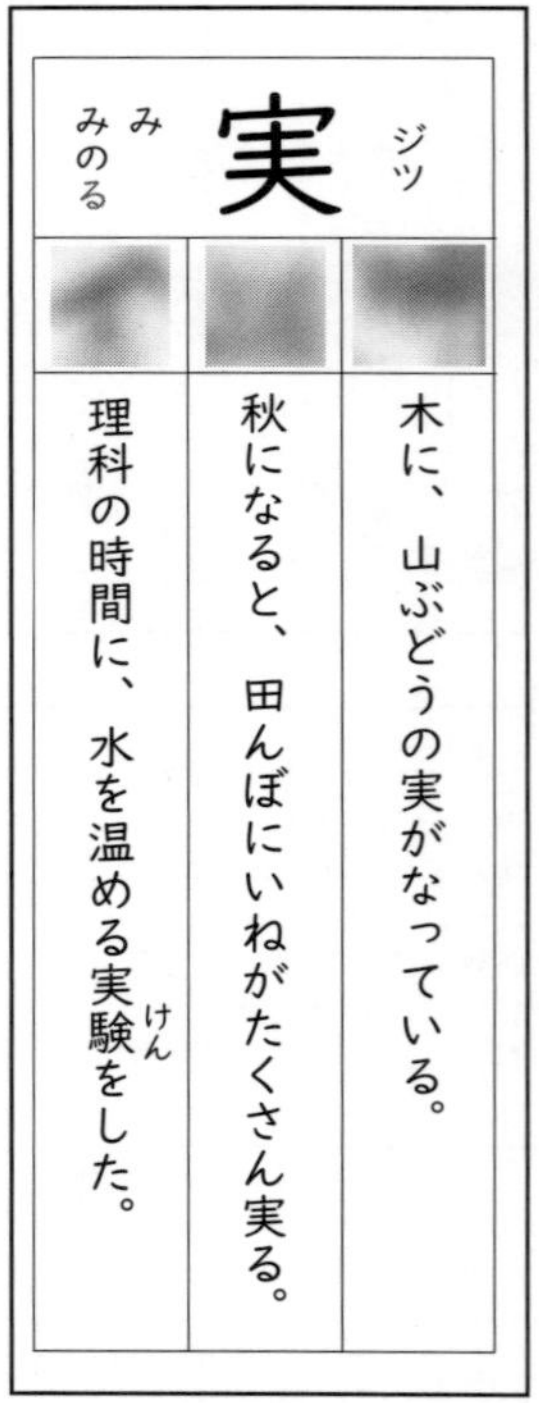
実
ジツ
み
みのる
木に、山ぶどうの実がなっている。
秋になると、田んぼにいねがたくさん実る。
理科の時間に、水を温める実験《けん》をした。

自作教材例

読み書き障害タイプの子どもは、漢字を練習してもテストで点が取れないため苦手感が積み重なり、練習自体を嫌がったり、それが原因で不登校になったりする場合もあります。そうならないためには、自分でできて成果の見える練習が大切です。

「調べて漢字を書こう」は、読みから漢字を書き入れるプリントですが、音声入力で漢字を検索できるアプリを使うと、自分で漢字を調べて書き入れることができます。自分の力でプリントを完成させる、達成感のある漢字練習を取り入れることが大切です。

・調べて漢字を書こう―①

・船に乗って□□《せかい》中を旅する。

・□□《りょうて》を広げて、大きさを調べる。

・このバスの□□《じょうしゃ》口は、前にある。

・テストの問題の□□《よそう》が当たった。

・道路の□□《こうじ》で、道が混んでいる。

・買った品物の□□《だいきん》をはらう。

・3の□□《ばいすう》の時だけ大声で言う。

・大工□□《どうぐ》は、物置にしまってある。

自作教材例

アプリ「新・筆順辞典」（株式会社ナウプロダクション）

読み書き障害タイプの子どもは、読みが苦手で、読みから漢字を思い出して書くことも苦手です。そのため、読み書きに対する合理的配慮も取り入れる必要があります。

読みの苦手さに対する合理的配慮として、「マルチメディアデイジー教科書」や「ペンでタッチすると読める音声付教科書」などの読み上げ教材があります。

漢字テストでは、選択肢を用意して番号で解答する方法も考えられます。

中学校の定期試験では、問題文を代読してもらって、ワープロで解答することも選択肢の一つとして考えられます。

漢字は覚えることが目的ではありません。情報を収集するとともに、自己表現するための手段です。読み書き障害（ディスレクシア）タイプの子どもが、漢字に押しつぶされることなく、本来の学習目的を達成できるよう支援をしていきたいと考えます。

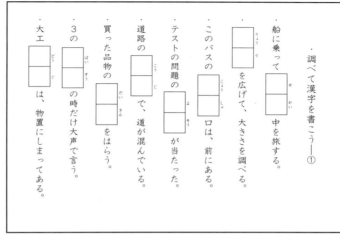

■ 書字障害（ディスグラフィア）タイプの漢字支援

書字障害タイプの子どもは、漢字は覚えていても、書く時に画線が不正確になったり、字形が歪んでしまったりすることが多くなります。

また、手本を見ながら形を真似て書こうとすると、字形が崩れてしまうことも特徴です。

「漢字たしざん」は、筆順に沿って分割された部首を順番に書いて漢字を作るプリントです。

このように形の組み合わせを意識して書く方が、全体を真似て書くより形が整いやすくなります。この時も部首の名前を唱えながら書くように促すとよいでしょう。

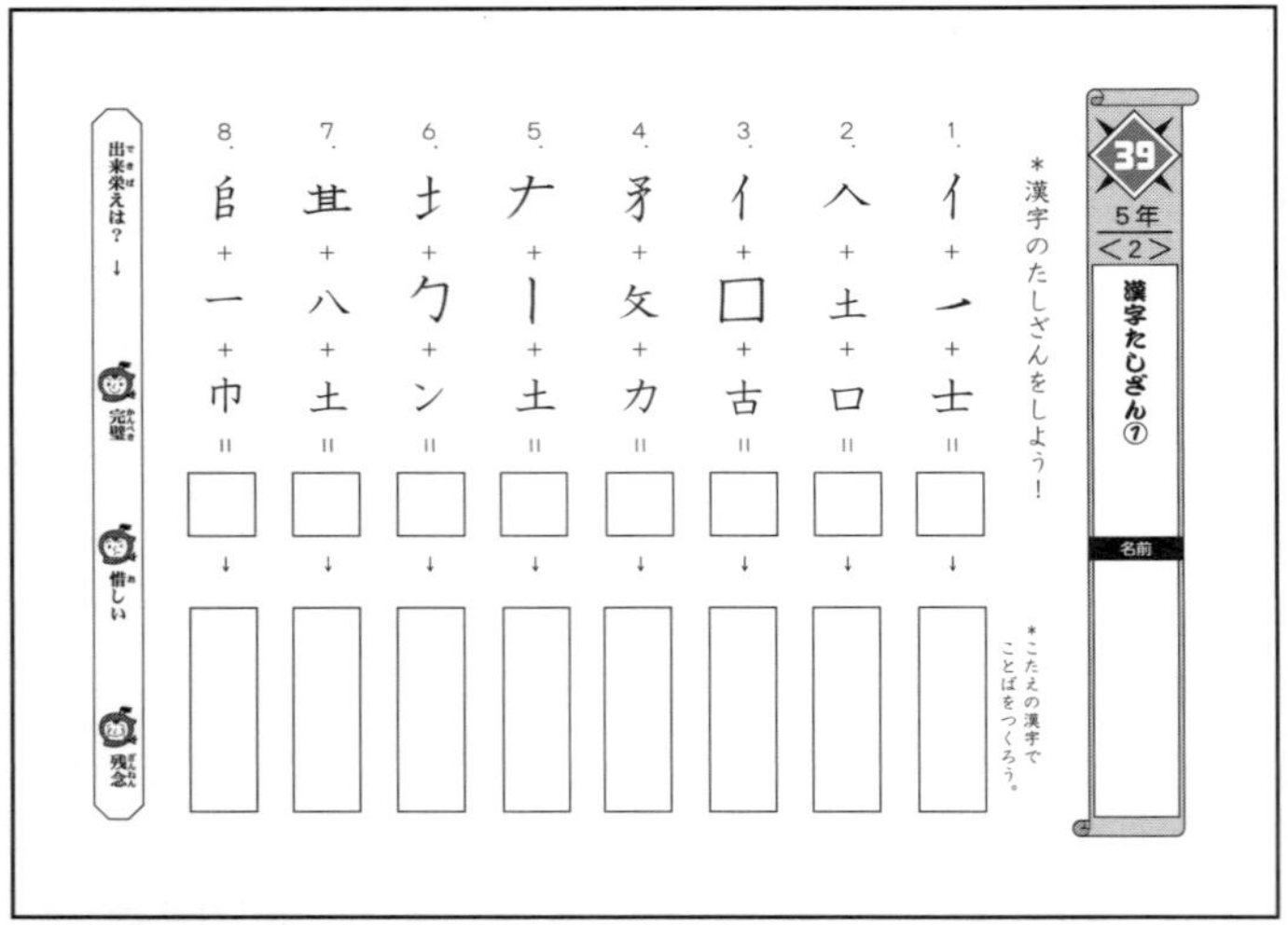
39
5年
＜2＞
漢字たしざん⑦
名前
＊漢字のたしざんをしよう！
1. 亻＋ノ＋士＝
2. 𠆢＋土＋口＝
3. 亻＋囗＋古＝
4. 矛＋夂＋力＝
5. ナ＋丨＋土＝
6. 土＋勹＋冫＝
7. 甘＋八＋土＝
8. 𠂤＋一＋巾＝
＊こたえの漢字でことばをつくろう。
出来栄えは？

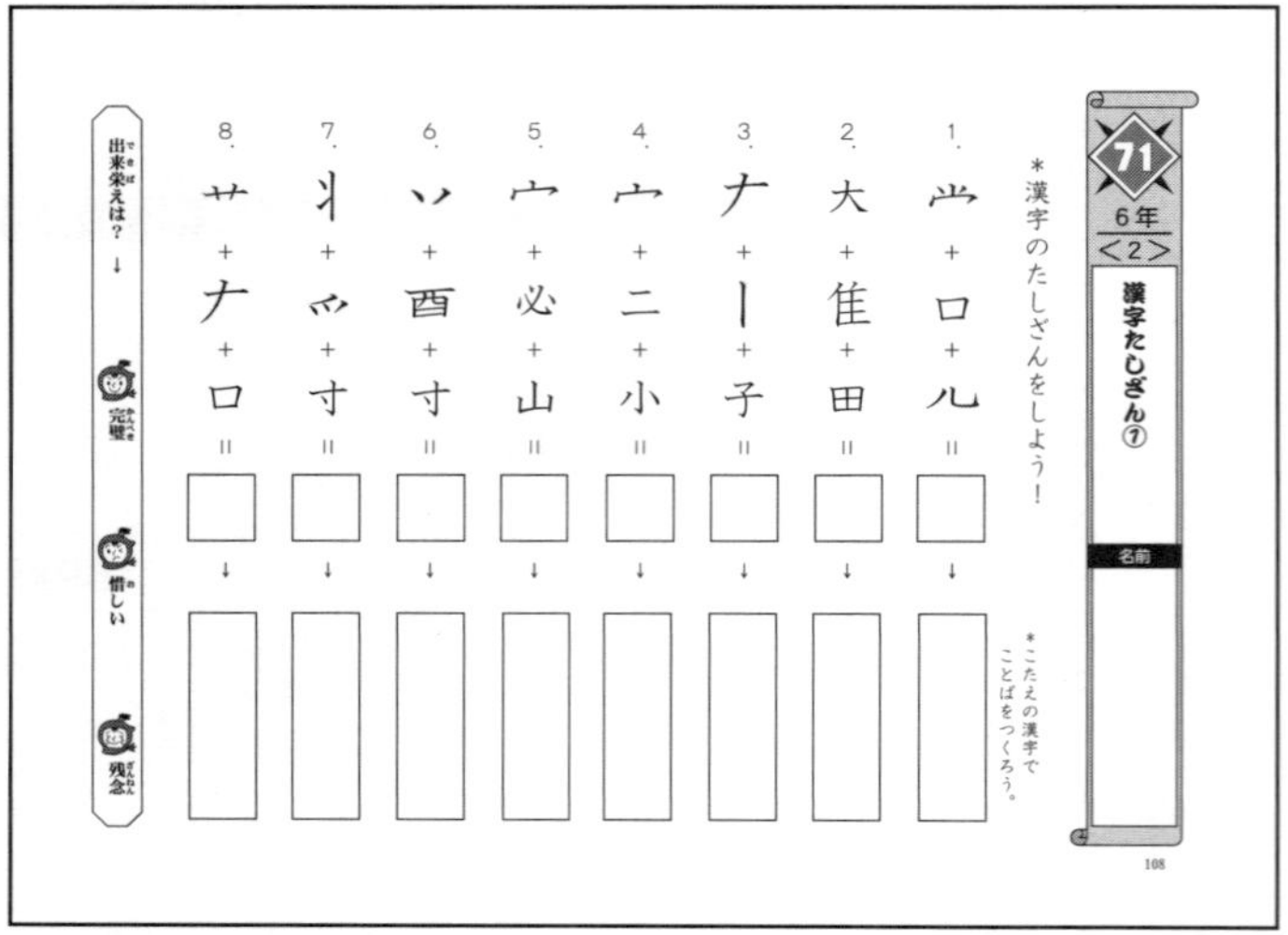
71
6年
＜2＞
漢字たしざん⑦
名前
＊漢字のたしざんをしよう！
1. ⺌＋口＋儿＝
2. 大＋隹＋田＝
3. ナ＋丨＋子＝
4. 宀＋二＋小＝
5. 宀＋必＋山＝
6. 丷＋酉＋寸＝
7. 丬＋⺥＋寸＝
8. 艹＋ナ＋口＝
＊こたえの漢字でことばをつくろう。
出来栄えは？

『読み書きが苦手な子どもへの〈漢字〉支援ワーク』
（竹田契一監修・村井敏宏著　明治図書）より

部首の配置が分かりにくい時には、補助線を入れて配置のヒントを示してあげるとよいでしょう。

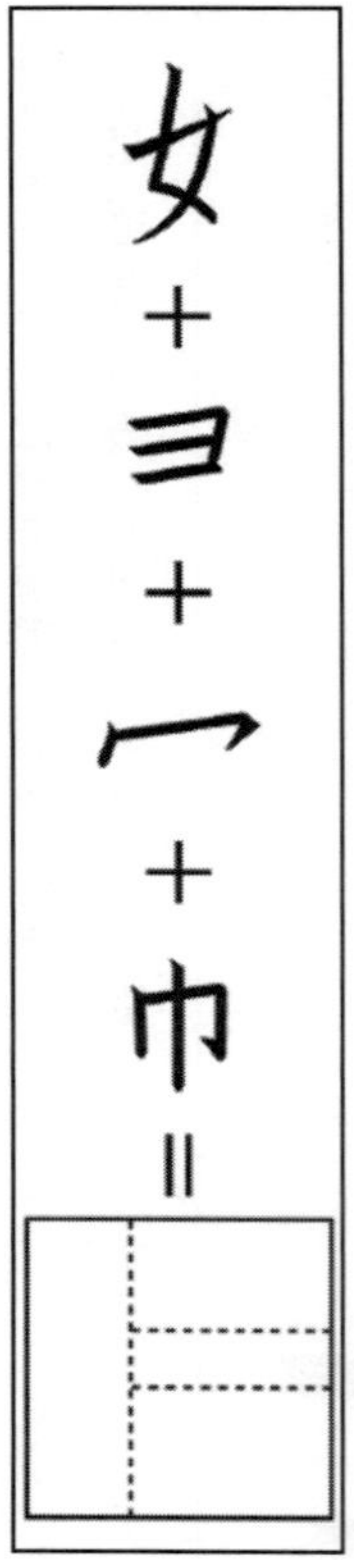
女＋ヨ＋冖＋巾＝

書字に対して抵抗感の強い子どもには、「漢字パズル」を使って漢字の構成練習を行います。

漢字パズルは、カードに印刷した漢字を、部首の形を崩さないように3分割したものです。

５つの漢字が１セットで、パズルのように組み合わせて漢字を作ります。漢字の読みや意味を確認して書かずに終わる場合もあります。次のステップとして「かくれたパーツ練習」のプリントで部分的に形を書き入れる練習や、「読→ごんべん・さむらい・ワかんむり・ひとあし」と唱えながら書く練習につなげていきます。

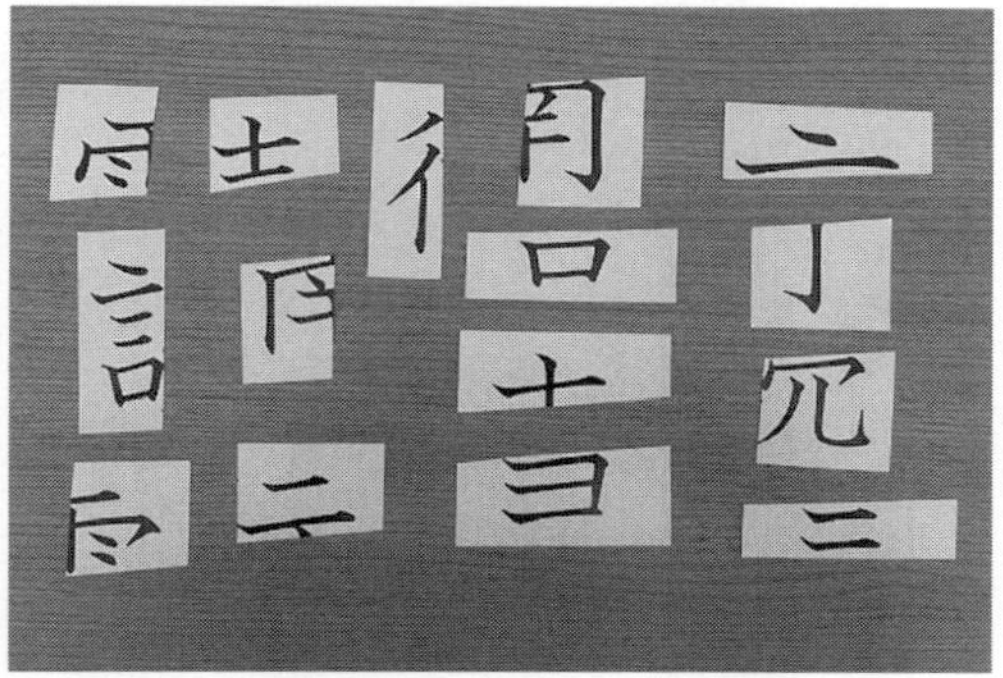

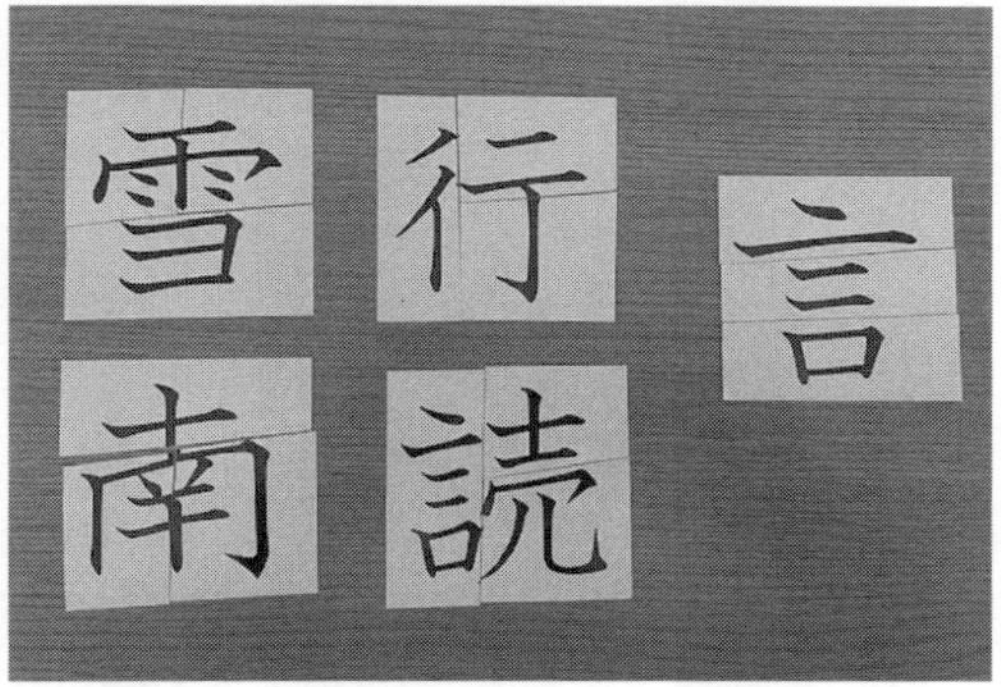

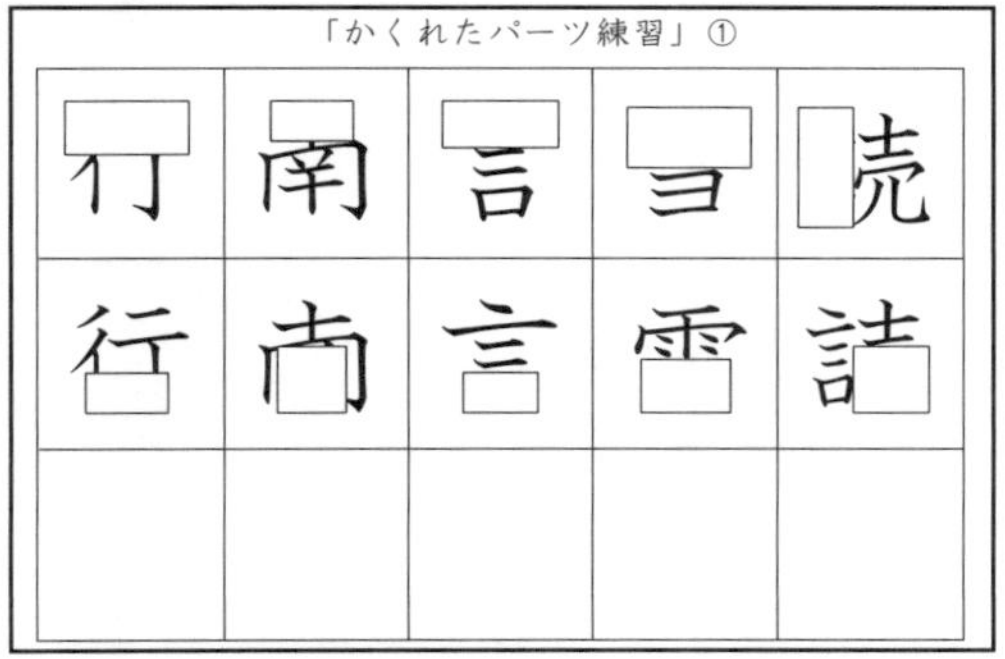

自作教材例

書字に負担のかからない練習として、筆順アプリを使った書字練習を取り入れる場合もあります。

まず、練習したい漢字を出してなぞりの筆順練習を行います。この時も「漢→さんずい・くさかんむり・ロ・二・人」と唱えながら数回練習します。最後に手書き認識画面で入力して、候補の漢字が出てきたらオーケーです。

書字障害タイプの子どもには、書字に負担のかからない練習を取り入れるとともに、「とめ・はね・はらい」などの字形やバランスの悪さをマイナスの評価にせず、漢字を覚えていることをプラスの評価として認めていくことが大切と考えます。

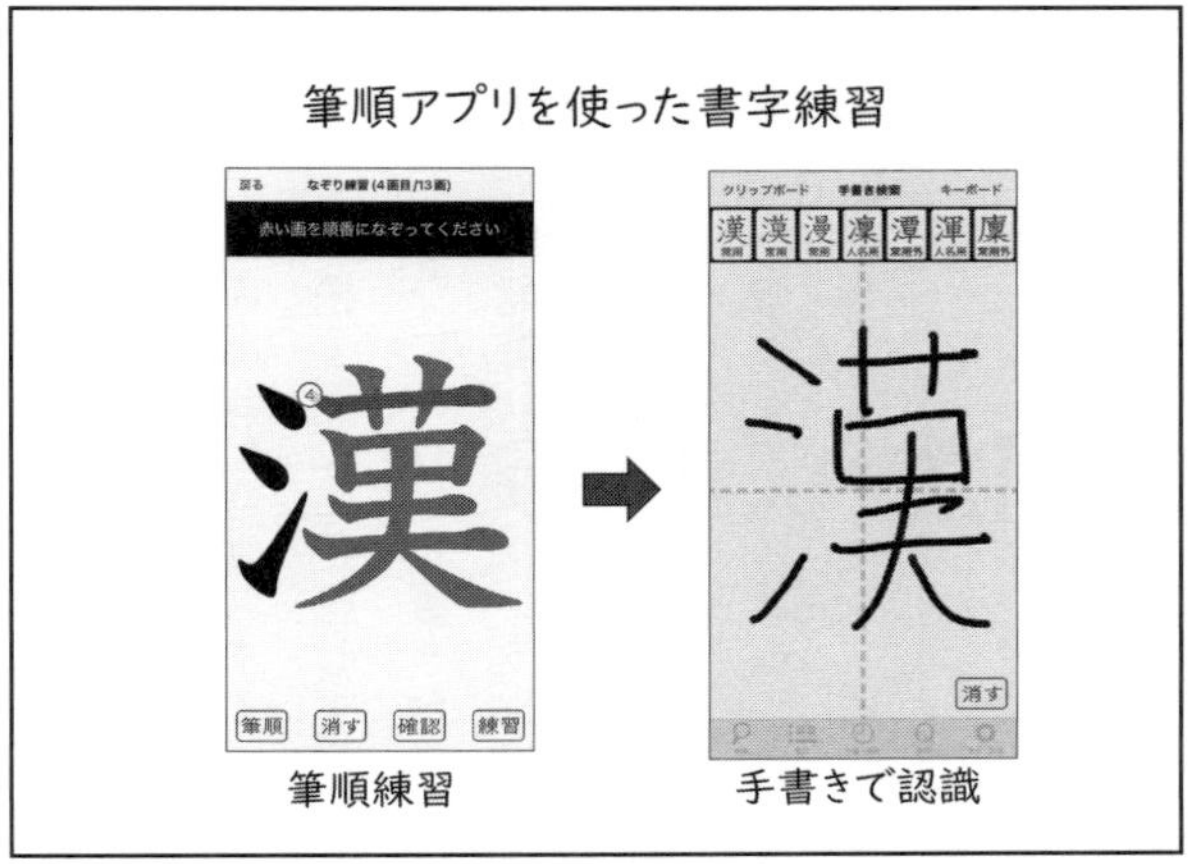

アプリ「新・筆順辞典」（株式会社ナウプロダクション）

■多動・衝動タイプの漢字支援

多動・衝動タイプの子どもは、行動のコントロールが苦手で自分のペースでやろうとするため、ミスが多く学習の積み重ねができません。また、苦手な課題に集中できず、速くいい加減にやってしまうために、漢字書字は乱雑で形の崩れや枠からのはみ出しが目立ちます。

学習に入る前に、まず姿勢の保持ができているか確認します。椅子の上に正座していたり、肘をついて体が傾いたりしている場合があります。足がぶらつかないように足置き台をおいたり、机・椅子の高さを調節したりします。姿勢保持や感覚刺激に配慮したクッションなどのサポートグッズも効果的です。

プリント課題に取り組む時には、「ゆっくり書けば早く終わる」と書いた「漢字のおきて」のカードを提示しておき、「今日はゆっくり書いているから、早く終われそう。」とことばかけをしていきます。消して書き直す回数が減り、結果として課題を早く終わらせることができます。

ペンタイプの消しゴムや電動消しゴム、消しかすクリーナーなどを用意しておくと、間違いを書き直すことが楽しみになり、課題にスムーズに取り組めるようになります。

多動・衝動タイプの子どもは、通常の繰り返し書く練習では、回数を重ねるほどいい加減になり形が崩れていきます。そのために、できるだけ何回も書かせない練習法を取り入れます。

「形に気をつけてかきましょう」は、少ない回数で形に気をつけながら漢字を書くプリントです。次のように練習していきます。

①文に合うよう□に漢字を書き入れる。
②支援者が、漢字の形の修正ポイントを1つだけ指摘する。
（例：漢字の中心を点線に合わせて書きましょう。）
③下の補助線の入った枠に、気をつけながら漢字を書く。
④修正ポイントの通りに書けていたら、どこがよかったかを伝え、1回で練習を終える。

このような練習を繰り返していくことで、子どもは最初の□に漢字を書く時にも形に気をつけて書くようになります。そうなれば目的達成で、下の枠に練習する必要もなくなります。

漢字のおきて

ゆっくり書けば早く終わる

カード

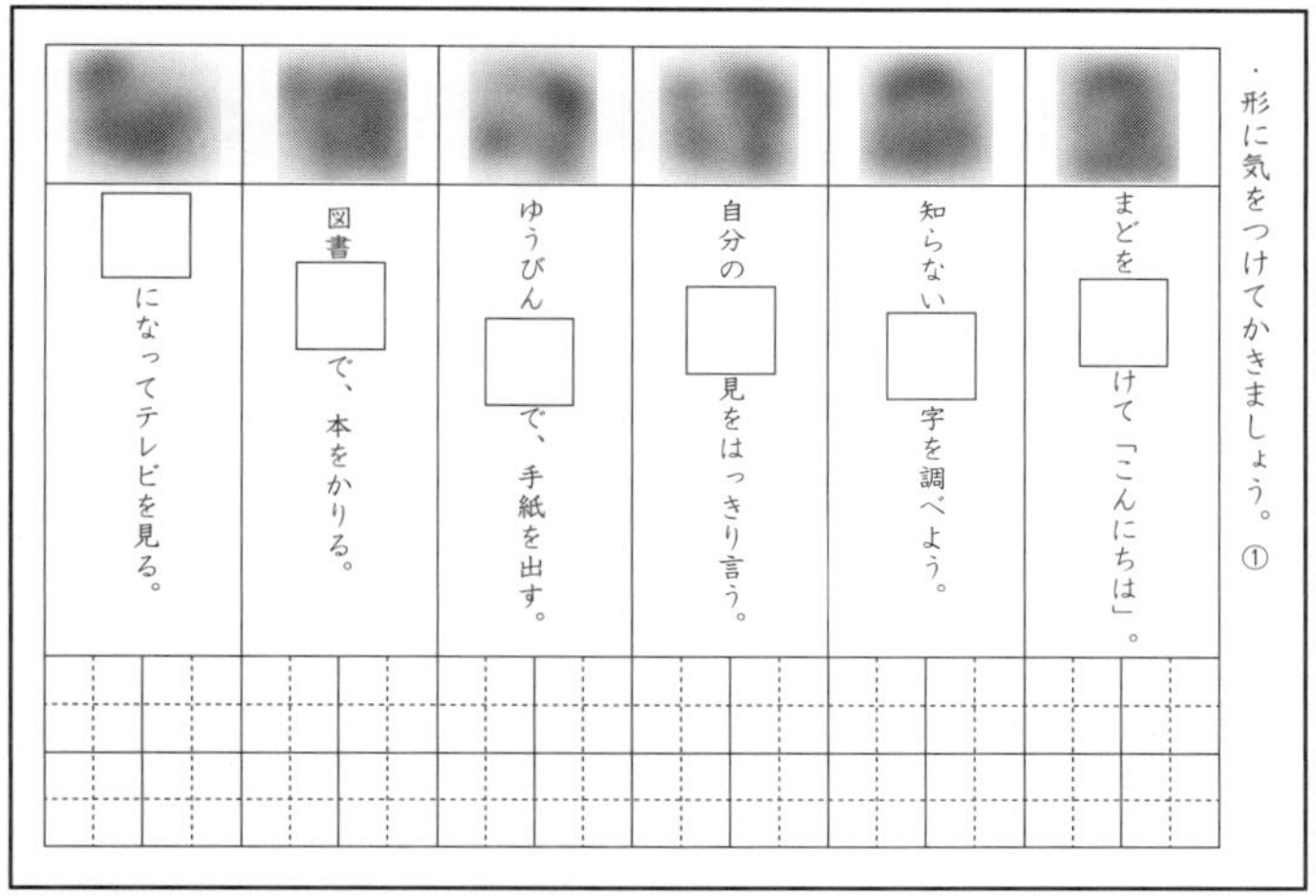

自作教材例

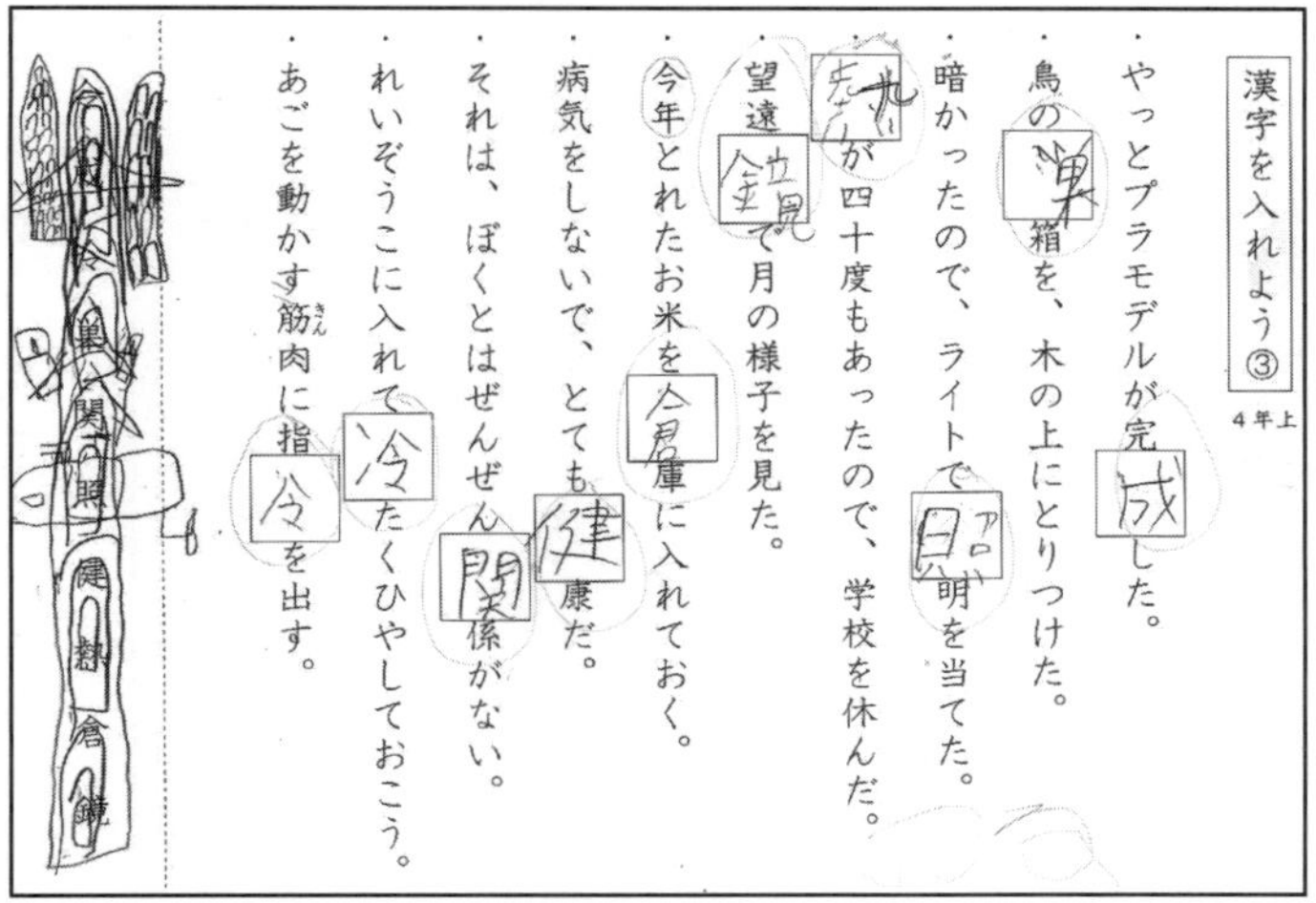

枠の中に丁寧に（トークンの活用）

トークン（ごほうび）を活用する方法もあります。

漢字を丁寧に書けず、枠からのはみ出しも多い子どもに、「枠の中に丁寧に漢字が書けたら、今日のプリントを１枚減らします。」と宣言してからプリントに取り組ませると、丁寧な漢字を書くことができます。ごほうびにプリントが少なくなります。

ゲーム性や動きのある活動を取り入れることで、集中して課題に取り組むことができます。

「走って！漢字カルタ」は、カルタの絵札を少し離れたところに並べておき、読み札を読み終えたら競争で絵札を取りに行きます。このような体を動かしながらできる課題を途中に入れておくと、他の課題にも集中して取り組むことができるようになります。

多動・衝動タイプの子どもは、能力は持っていても、それを状況に合わせてうまく発揮することができません。マイナスになりがちな評価を、即時的・具体的なプラス評価をして自己有能感を高めていくことが大切と考えます。

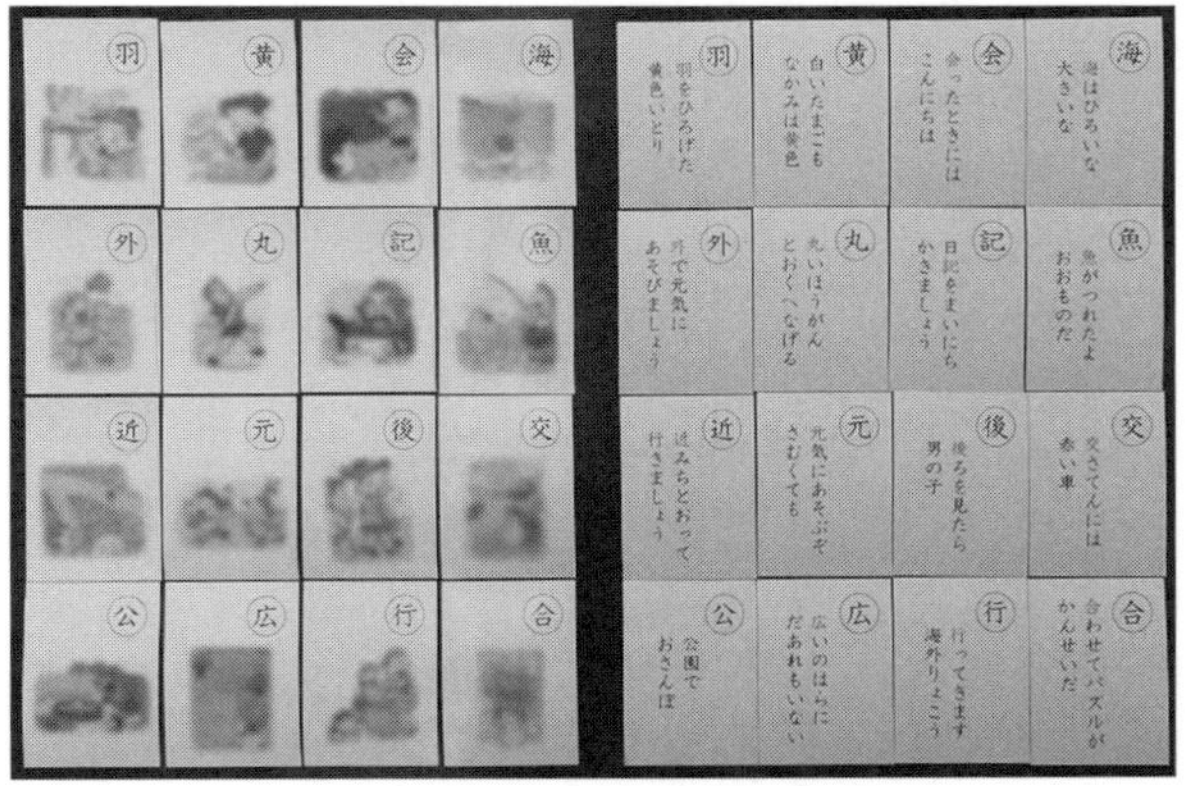

走って！漢字カルタ（自作教材例）

■ 不注意タイプの漢字支援

不注意タイプの子どもは、漢字の練習には取り組んでいるものの、頭の中で違うことを考えながら手だけ動かしているような練習になってしまうため、漢字の細かいところまで正確に覚えていくことが苦手になります。そのため、部分的に形の違う漢字を書いてしまうことが多くなります。

漢字の意味・読み・形を意識しながら練習するためには、「読み書き障害タイプの漢字支援」で紹介した「うきうきかん字れんしゅう」を使うとよいでしょう。

もう一つ、自分で考えながら漢字を覚えていく練習法として「漢字たし算練習」（ダウンロード資料）を紹介します。自分で漢字を分解して、たし算を作る練習法です。

①練習したい漢字を大きく書いて、読み方（音読み・訓読み）を書く。

②自分の分かりやすいところで分解してたし算を作る。

※自分がことばで意味づけできるように分解する。

③漢字を使ったことば・文を書く。

※教科書や辞典で調べてもよい。

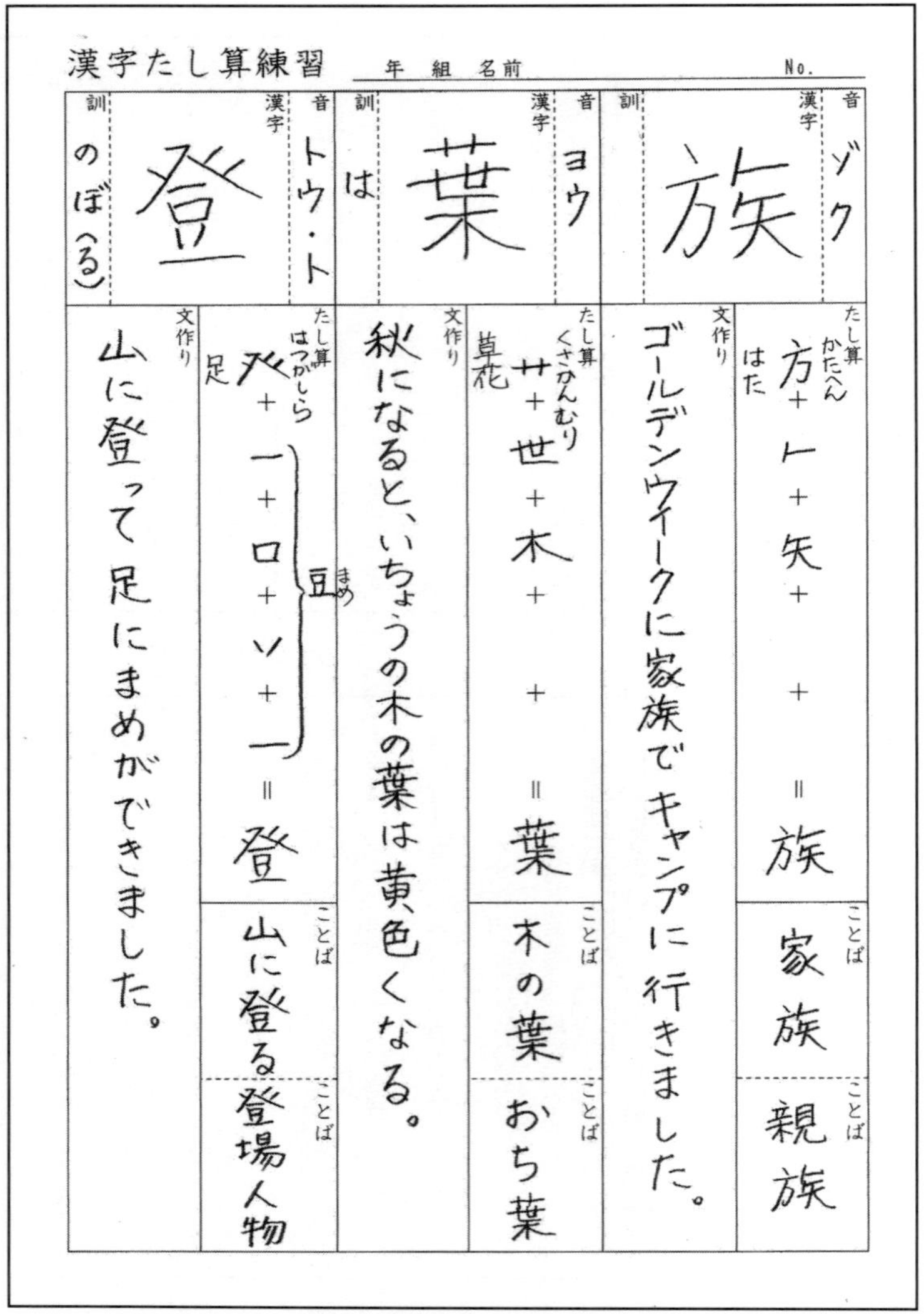

漢字たし算練習
年 組 名前
No.
音 ゾク
漢字 族
たし算 かたへん 方＋𠂉＋矢＋ ＋ ＝族
ことば 家族
ことば 親族
文作り ゴールデンウイークに家族でキャンプに行きました。
音 ヨウ
漢字 葉
訓 は
たし算 くさかんむり 艹＋世＋木＋ ＋ ＝葉
ことば 木の葉
ことば おち葉
文作り 秋になると、いちょうの木の葉は黄色くなる。
音 トウ・ト
漢字 登
訓 のぼ(る)
たし算 はつがしら 癶＋一＋口＋ソ＋一＝登
豆 まめ
ことば 山に登る
ことば 登場人物
文作り 山に登って足にまめができました。

漢字たし算練習

このように、漢字を分解・構成するという、自分で考える作業が入ると記憶に残りやすくなります。また、分解した形を意味づけすることで意味の記憶につながりやすくなります。「登」の場合、「はつがしら＋一＋口＋ソ＋一」でも、「はつがしら＋豆」でも、他の分け方でもかまいません。子どもが自分で考えて意味づけすることが大切です。

また、自分で考えたたし算をクイズにして、他の人に何の漢字か当ててもらうゲームにも使えます。自分の作った漢字たし算を、人に分かるように説明できれば、漢字を書かなくても漢字を覚えることができています。

漢字の部分的な形の誤りが多い子どもには、「たりないのはどこ（形をよく見て）」のプリントを使います。熟語のそれぞれの漢字に足りない部分があります。それを見つけて正しい漢字を書いていくワークです。

できあがったプリントの上の熟語を隠して、自分が書いた熟語の読みの練習にも使えます。高学年の熟語は抽象的な語が多いため、意味を考えたり分かりやすい語に言い換えたりする練習にもつなげられます。

書くことが苦手な子どもには、消すことのできるカラーボールペンを使って、足りないところだけを書き足す練習にしてもかまいません。

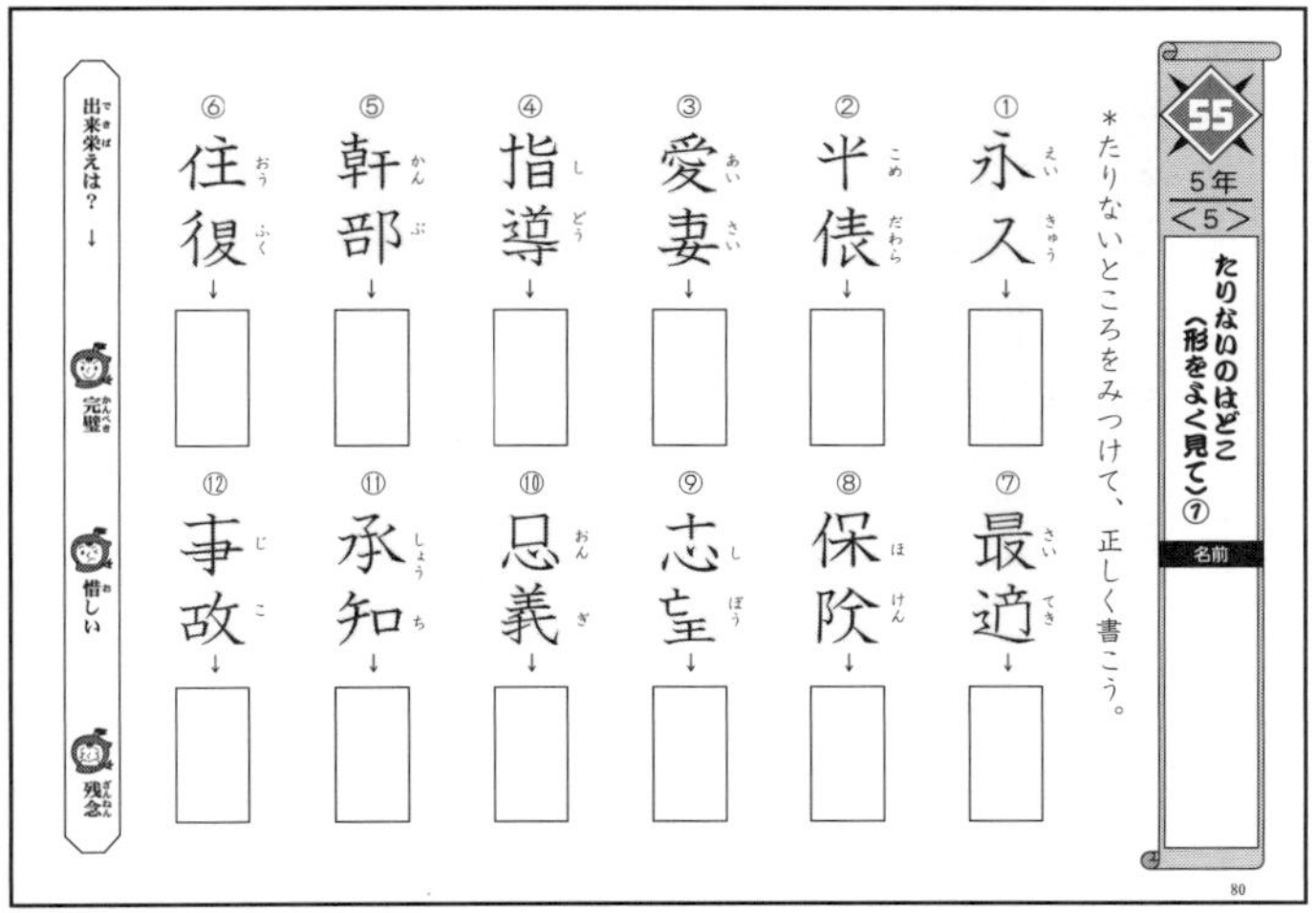

『読み書きが苦手な子どもへの〈漢字〉支援ワーク』
（竹田契一監修・村井敏宏著　明治図書）より

不注意タイプの子どもは、真面目に練習していても練習の効果が上がらないために、学習に対して自信を失っている場合があります。また、授業中はおとなしく座っているため、気づかれずに配慮や支援の対象になっていない場合もあります。

不注意タイプは、読み書き障害タイプに重なって起こる場合があります。その場合、読みから漢字が思い出しにくいことに加えて、思い出した漢字に誤りが多くなり、漢字学習の困難が大きくなります。このような子どもたちのつまずきに早く気づき、練習量を増やして追い込むのではなく、効果的な支援ができるようになりたいと考えます。

5 漢字に関するその他の情報

■ ローマ字入力

漢字は文字の種類も多く読みも複雑なため、苦手な子どもにすべての漢字の読み書きができるように求めることはできません。特に高学年になると覚える量も増え、漢字の形も複雑になるため、パソコンやタブレットなどの代替手段を考えていく必要があります。

その入力方法として、音声入力・50音かな入力・フリック入力・手書き入力・ローマ字入力などがあります。低学年では、簡単にできる音声入力やかな入力を使いますが、高学年からは、将来のパソコン活用につながるローマ字入力の練習を入れていきます。

ローマ字入力は、日本語の1つの音（モーラ）を複数のアルファベットキーで入力するため、読み書き障害タイプには苦手な課題になります。

ローマ字入力の練習として、日本語の母音（ＡＩＵＥＯ）キーをベースにした練習法を紹介します。

かな表記のあるキーボードには、かな文字を隠すように「あいうえお・ローマ字小文字」のシールを貼っておきます。

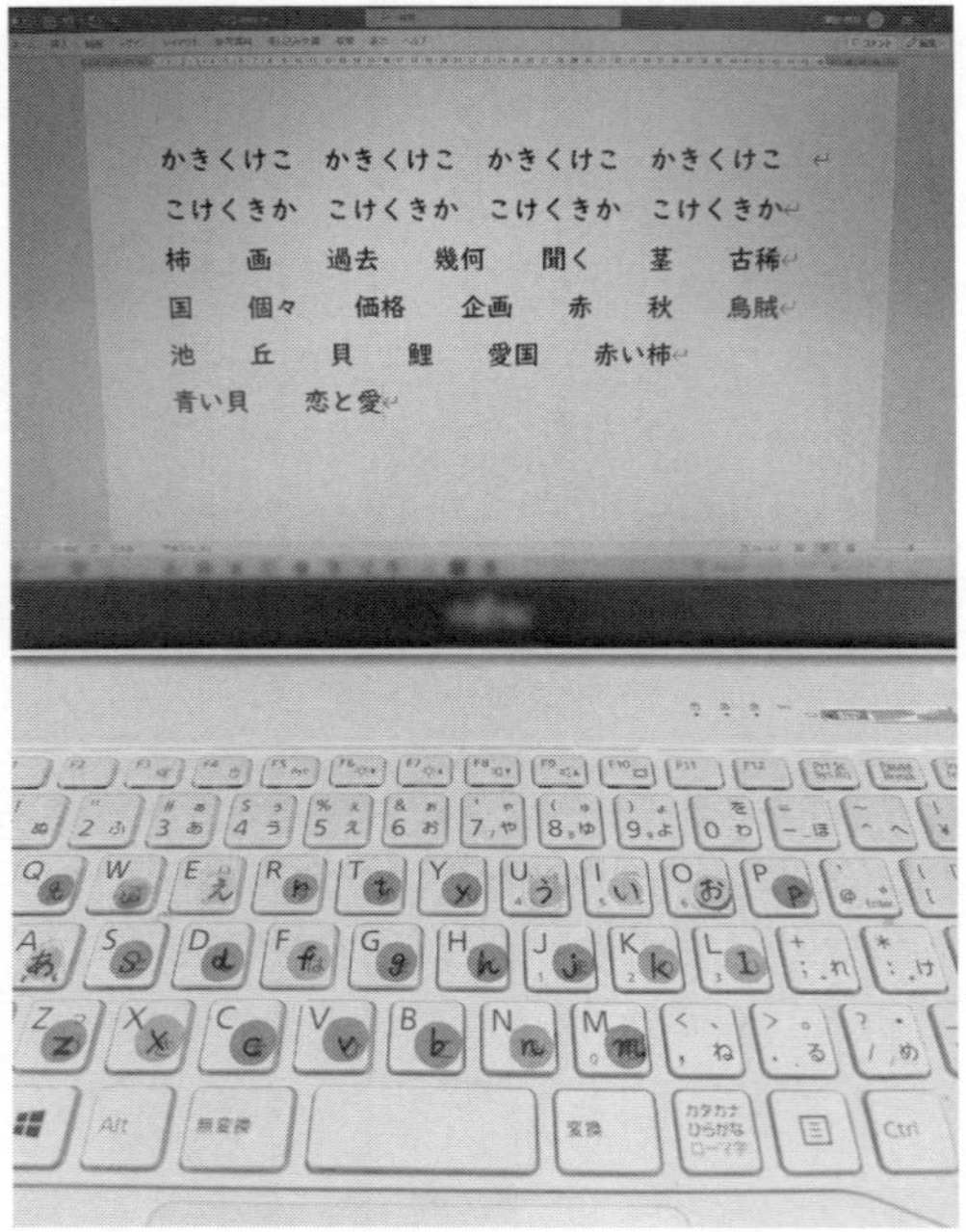

キーボード練習

練習1（あいうえお）ーあ→A、い→I、う→U、え→E、お→O

・あいうえお　・あいうえお　・あいうえお　・あいうえお　・あいうえお
・おえういあ　・おえういあ　・おえういあ　・おえういあ　・おえういあ

・あい→愛　・うえ→上　・うお→魚　・あお→青
・あう→合う　・いえ→家　・えい→エイ　・いう→言う　・おう→王
・あいおい→相生　・おおい→多い　・おおう→覆う
・あおいあい→青い藍

練習2（かきくけこ）ーか→KA、き→KI、く→KU、け→KE、こ→KO

・かきくけこ　・かきくけこ　・かきくけこ　・かきくけこ　・かきくけこ
・こけくきか　・こけくきか　・こけくきか　・こけくきか　・こけくきか

・かき→柿　・かく→画　・かこ→過去　・きか→幾何
・きく→聞く　・くき→茎　・こき→呼気　・こく→国　・ここ→個々
・かかく→価格　・きかく→企画　・あか→赤　・あき→秋
・いか→イカ　・いけ→池　・おか→丘　・かい→貝　・こい→コイ
・あいこく→愛国　・あかいかき→赤い柿　・あおいかい→青い貝

ローマ字入力練習

〔練習1〕として「あいうえお」のキーの位置を覚えていきます。
「AIUEO」キーに「あいうえお」のシールを貼っておきます。
・「あいうえお」と入力し、エンターキーを押して確定。スペースキーで1文字空ける。
・これを数回繰り返す。
・「おえういあ」と入力し、エンターキーを押して確定。スペースキーで1文字空ける。
・これを数回繰り返す。
・「AIUEO」キーだけで入力できる単語「愛・上・魚・青・など」を入力・変換する。

〔練習2〕として「K」のキーに赤シールを貼り「かきくけこ」の入力を練習します。
・「かきくけこ」の入力練習。
・「こけくきか」の入力練習。
・「かきくけこ」と「あいうえお」だけで入力できる単語「柿・過去・など」を入力・変換。

〔練習3〕以降、次のステップで同様の入力を練習します。
・清音「S・T・N・H・M・Y・R」　・濁音・半濁音「G・Z・D・B・P」
・拗音「KYA・KYU・KYO・など」

ダウンロード資料「ローマ字入力練習」を参考にしてください。

■ 漢字の指導と学習指導要領

学習指導要領とは、文部科学省によって定められている、教育課程における基準のことです。小学校・中学校・高等学校の時間割や授業で使用する教科書などは、学習指導要領をもとに作成されています。

学習指導要領の中で「漢字」はどのように扱われているのでしょう。

平成29年告示「小学校学習指導要領解説　国語編」の「第5学年及び第6学年の内容」には次のように書かれています。

> 第5学年及び第6学年の各学年においては、学年別漢字配当表の当該学年までに配当されている漢字を読むこと。また、当該学年の前の学年までに配当されている漢字を書き、文や文章の中で使うとともに、当該学年に配当されている漢字を漸次書き、文や文章の中で使うこと。

「学年別漢字配当表」とは、小学校で学習する漢字を学年別に示したものです。

ここでは、当該学年までに配当されている漢字を読むことと、当該学年の前の学年までに配当されている漢字を書くことが求められています。つまり、学年で習った漢字は読めるようになることは求められていますが、すぐに書けるようになることは求められていません。

しかし、子どもたちは毎週の漢字テストや、学期末の50問テストで書くことを求められ、漢字が苦手な子どもは、大変な労力を費やしながら挫折感を味わっています。

中学校の学習指導要領には次のような記載があります。

（平成29年告示「中学校学習指導要領解説　国語編」の「第1学年の内容」）

> 小学校学習指導要領第2章第1節国語の学年別漢字配当表に示されている漢字に加え、その他の常用漢字のうち300字程度から400字程度までの漢字を読むこと。また、学年別漢字配当表の漢字のうち900字程度の漢字を書き、文や文章の中で使うこと。

中学校で学習する常用漢字1110文字は、学年配当が示されていませんが、同様に習った漢字を読めるようになることが求められています。また、書くことに関しては、小学校で習う漢字のうち900字程度としています。

また、「第3学年の内容」では次のような記載があります。

> 第2学年までに学習した常用漢字に加え、その他の常用漢字の大体を読むこと。また、学年別漢字配当表に示されている漢字について、文や文章の中で使い慣れること。

ここでも、習った漢字を読めるようになることが求められていますが、書くことに関しては、学年別漢字配当表に示されている漢字（小学校で習う漢字）を書くことが求められています。

つまり、学習指導要領では中学校で習う漢字を書けるようになることを求めていません。

このことから、公立高校の入学試験で、国語の漢字の書き取りは、小学校の漢字から出題されているという報告もあります。

学習指導要領にこのように記載されているにもかかわらず、学校教育の中で漢字指導は、覚えること、書けることを偏重しているように感じられます。

文字は知識や文化を伝える手段であり、自己の考えの表現手段でもあります。

読み書きが苦手な子どもたちが、漢字の重圧に押しつぶされることなく学習に取り組み、充実した学校生活が送れるよう、やさしい学び支援をしていきたいと考えます。

■ 漢字の正誤の判断

文化庁の文化審議会国語分科会は、平成28年2月に「常用漢字表の字体・字形に関する指針」を報告しています。

これは、「手書き文字と印刷文字との違いが理解されにくくなっている」ことや「文字の細部に必要以上の注意が向けられ、本来であれば問題にならない違いによって、漢字の正誤が決められる傾向が生じている」といった現在、社会で生じている問題を解決するために検討された指針の報告です。

報告では、構成要素ごとに漢字の字形の例を分類し、手書き文字と印刷文字の違いを例示するとともに、Q&Aによる分かりやすい解説が載せられています。また、常用漢字２１３６字すべてについて、印刷文字のバリエーションと手書き文字の許容例も例示されています。

Q&Aの中に、漢字の正誤の判断について解説されたものがあります。

Q：漢字のテストなどで、整っているとは言い難い読みにくい字で書かれていても、誤りではないと言えるのでしょうか。

A：文字の整い方は、原則として、正誤の判断とは別の評価です。評価対象の字形が読みにくいとしても、その漢字の骨組みが認められるのであれば、誤りとは言えないでしょう。

漢字の正誤は、その漢字の骨組みが読み取れるか読み取れないかという、客観的な観点に基づいて判断されるものです。（中略）

書かれた漢字の正誤を判断する際には、字形の整い方が十分でなく、丁寧に書かれていない場合にも、あるいは、美しさに欠け稚拙に書かれている場合にも、その文字がその文字の字体の枠組み内にあり、備えておくべき骨組みを過不足なく持っていると読み取れるのであれば、誤っているという評価はできないでしょう。（後略）

「常用漢字表の字体・字形に関する指針（報告）」（3章　Q35　p.88）

この中で使われている「字体」と「字形」についても解説されています。

「字体」とは、漢字を構成する点画の数や組合せなど、基本となる骨組みのことを言っています。

「字形」とは、具体的に出現した文字の形状のことです。長短、方向、接触の有無、はらうか、とめるか、はねるかなどの違いはあっても、骨組みが共通していれば同じ漢字と認められる、としています。

書字障害タイプの子どもは、空間認知の弱さや不器用さなどから「字形」を整えて書くことが苦手です。漢字テストで子どもが書いた文字の字形の崩れが大きくても、骨組みが過不足なく書かれている場合、正答として評価されることが望まれます。

また報告の中では、「とめ・はね・はらい」や書き方の例をあげて、字形の許容例を詳しく示しています。例えば、「木」の「とめ・はね・はらい」はすべて許容範囲に入ります。

学校現場では、漢字の字形に関して厳しい基準で指導し

常用漢字表の掲出字形	骨組みに過不足がなく，誤りとは言えない手書きの字形の例			
木	木	木	木	木
女	女	女	女	女
言	言	言	言	言
改	改	改	改	改

「常用漢字表の字体・字形に関する指針（報告）」（文化庁）（3章　Q37　p.89）より

て、その基準で評価する傾向がまだまだみられます。人が読みやすい丁寧な字を書くことを指導することは大切なことです。しかし、漢字の苦手な子どもが努力して覚えた漢字を、その厳しい基準で否定されることは避けなければなりません。

この報告に書かれている内容を確認して、漢字が苦手な子どもにも「やさしい漢字支援」が行われることが望まれます。

※本書第4章3「『漢字誤り分析』によるタイプ別・事例分析」の正誤の基準は、「常用漢字表の字体・字形に関する指針（報告）」に則って判断しています。

資料のダウンロード

■ダウンロードサイト

資料のダウンロード

ユーザー名：077530

パスワード：wakupuri01

URL：https://meijitosho.co.jp/077530#supportinfo

■資料の内容

◎第２章　音韻認識テスト

・音韻認識テスト記録用紙

〈テスト用カード〉

・①数字カード（L判縦）

・②色カード（L判縦）

・③ひらがなカード（L判縦）
・④ことばカード（L判縦）
・⑤モーラ分解カード（はがき判縦）

⊙第3章　ひらがな単語聴写テスト
・ひらがな単語聴写テスト用紙・分析用紙

〈指導用プリント〉
・①グルグル運筆
・②ひらがなとなえ
・③ひらがななぞり
・④よみかきプリント
・⑤マルにじをいれよう
・⑥いろんなことば
・⑦「〇」のつくことば
・⑧つまるおとはどこ2
・⑨つまるおとをよくきいて
・⑩ねじれるおとプリント1
・⑪ねじれるおとプリント2
・⑫ねじれるおとのことば
・⑬ことばさがし
・⑭ことばさがし（ヒント）

⊙第4章　漢字誤り分析
・漢字誤り分析（低学年用）テスト用紙・分析表
・漢字誤り分析（高学年用）テスト用紙・分析表

〈漢字資料〉
・①部首の意味表
・②うきうきかん字れんしゅう
・③漢字たし算練習
・④ローマ字入力練習

おわりに

2010年に「通常の学級でやさしい学び支援」シリーズを発刊してから、およそ15年の月日が流れました。以降、発刊した書籍は次の通りです。

＊『読み書きが苦手な子どもへの〈基礎〉トレーニングワーク』(29刷)
＊『読み書きが苦手な子どもへの〈つまずき〉支援ワーク』(21刷)
＊『読み書きが苦手な子どもへの〈漢字〉支援ワーク　1～3年編』(18刷)
＊『読み書きが苦手な子どもへの〈漢字〉支援ワーク　4～6年編』(16刷)
＊『誤り分析で始める！学びにくい子への「国語・算数」つまずきサポート』(10刷)
＊『読み書きが苦手な子どもへの〈作文〉支援ワーク』(5刷)
＊『改訂　読み書きが苦手な子どもへの〈漢字〉支援ワーク　令和6年度版教科書対応』
※令和6年度教科書改訂に合わせて、改訂版が2024年7月に刊行。

すべての書籍が版を重ね、現在も使っていただける書籍になっています。15年の間に、多くの方々に手に取っていただき、読み書きが苦手な子どもの支援につながっていることを嬉しく思っています。

長きにわたって使ってもらえる書籍の執筆を続けられたのは、多くの方々の力添えがあってのことだと、改めて感謝いたします。

ほとんどの書籍で監修をいただいている竹田契一先生。

1985年に大阪教育大学の専攻科でご指導いただいて以来、40年にわたりご指導いただけたことが現在の私の礎となっています。現在も発達障害の支援や特別支援教育のアドバイザーとして活躍されている姿は尊敬の念を禁じえません。本当にありがとうございます。今後ともご指導ご鞭撻のほどよろしくお願い申し上げます。

「ことばの教室」で子どもの支援にあたりながら、「わくわくプリント」や「漢字誤り分析」をともに作り上げてきてくれた、中尾和人先生にも感謝の意を表します。現在も通級指導に携わりながら、地域の通級指導の充実に尽力されている姿や、「通級指導教室教材倉庫」のホームページで、無料の教材提供や配信を行っている姿には頭が下がります。

学校法人青丹学園で言語聴覚士の養成に尽力されながら、子どもの支援の場「フラーテル高の原」「フラーテル奈良」を作り上げてきた安井千恵先生にも感謝の意を表します。

退職後の私に、支援の場を与えてくれたよき理解者です。

奥村智人先生をはじめとする、大阪医科薬科大学ＬＤセンターの先生方にも感謝の意を表します。「ひらがな単語聴写テスト」の基礎データの収集や、研究論文の執筆、ＬＤセンター主催研修会での普及にも協力いただきました。

長年にわたるシリーズの編集に携わってくださった、明治図書出版の佐藤智恵さん。不慣れな私の想いを、魅力ある書籍に編集してくださったことに、本当に感謝しています。

最後に、仕事に忙しい私を陰で支えてくれた妻の洋子さん、可愛いイラストを要望通りに描いてくれた娘の美穂にもお礼の言葉を、「いつも、ありがとう。」

２０２４年８月　著者　村井　敏宏

【監修者】
竹田　契一（たけだ　けいいち）
大阪医科薬科大学 LD センター顧問，大阪教育大学名誉教授

【著者】
村井　敏宏（むらい　としひろ）
青丹学園　発達・教育支援センター フラーテル L.C.,
S.E.N.S（特別支援教育士）スーパーバイザー，言語聴覚士，
日本 LD 学会会員，日本 INREAL 研究会事務局

【イラスト】　村井美穂
【表紙デザイン】　nojico

通常の学級でやさしい学び支援
誤り分析を支援につなげる
読み書きの「つまずき」アセスメントブック

2024年10月初版第１刷刊
2025年５月初版第３刷刊

監修者　竹　田　契　一
©著　者　村　井　敏　宏
発行者　藤　原　光　政
発行所　明治図書出版株式会社
http://www.meijitosho.co.jp
(企画)佐藤智恵（校正）武藤亜子
〒114-0023　東京都北区滝野川7-46-1
振替00160-5-151318　電話03(5907)6703
ご注文窓口　電話03(5907)6668

＊検印省略
組版所　中　央　美　版

Printed in Japan　ISBN978-4-18-077530-9